童喜喜教育文集

在没有路标的大地上

童喜喜 著

電子工業出版社
Publishing House of Electronics Industry
北京·BEIJING

未经许可，不得以任何方式复制或抄袭本书之部分或全部内容。
版权所有，侵权必究。

图书在版编目（CIP）数据

在没有路标的大地上 / 童喜喜著 . —北京：电子工业出版社，2021.9
（童喜喜教育文集）
ISBN 978-7-121-41761-0

Ⅰ.①在…　Ⅱ.①童…　Ⅲ.①语文课—中小学—教学参考资料　Ⅳ.①G633.303

中国版本图书馆CIP数据核字（2021）第166189号

责任编辑：胡　南　杨雅琳
文字编辑：李楚妍
印　　刷：三河市鑫金马印装有限公司
装　　订：三河市鑫金马印装有限公司
出版发行：电子工业出版社
　　　　　北京市海淀区万寿路173信箱　邮编：100036
开　　本：720×1000　1/16　印张：13.5　字数：230千字
版　　次：2021年9月第1版
印　　次：2021年9月第1次印刷
定　　价：55.00元

凡所购买电子工业出版社图书有缺损问题，请向购买书店调换。若书店售缺，请与本社发行部联系，联系及邮购电话：（010）88254888，88258888。
质量投诉请发邮件至zlts@phei.com.cn，盗版侵权举报请发邮件至dbqq@phei.com.cn。
本书咨询联系方式：（010）88254210。influence@phei.com.cn，微信号：yingxianglibook。

总 序

美国马萨诸塞大学波士顿分校终身教授、
中国教育三十人论坛成员　严文蕃

从一线酿造的教育蜜糖

我非常高兴地得知本书即将出版，仔细读完书稿，很是惊喜。

童喜喜作为专业的儿童文学作家，她的教育研究生涯比较特殊。从1999年资助一位失学儿童开始，到2009年为"新教育实验"担任义工，她一直以不同的方式，和一线老师并肩奋斗。可以说，本书记录的中国教育经验和中国教育故事，具有世界意义。

我非常佩服童喜喜，她的悟性之高、写作速度之快，她对新事物的发现、掌握和表达，不是常人能够做到的。

我读过童喜喜的很多儿童文学作品。她的第一部童书《嘭嘭嘭》获奖无数，畅销至今，十万字的作品竟然只用六天就写了出来。她的"新孩子"系列童书，作为开启非虚构儿童教育文学的杰作，对儿童成长具有划时代的意义。

我了解童喜喜对新教育研究和推广的贡献。她是新教育的参与者、反思者、引领者。新教育发起人朱永新教授指出，童喜喜的哲学功底、教育悟性、人文素养和文字能力，再加上过人的勤奋，让她脱颖而出。

我也知道童喜喜对中国阅读推广做出的贡献，知道她只身一人在一年里深入中国100所乡村学校，免费举办196场讲座的壮举。

还记得2017年10月的一天，童喜喜向我介绍说写课程的研究，提出"读写之间说为桥"，以"说"打通读和写，把写作的复杂过程跟思维的运转过程联系起来。我当时特别兴奋，告诉她这个主意非常好。从"说"的角度深入研究写作教育，这确实是一个非常好的创意。

童喜喜不仅做了，而且从学校教学、家庭教育等不同层面开展，就在这套作品中把不同人群的说写技巧提炼了出来："创造奇迹的说写革命"是针对学生的说写训练，"教师喜阅说写技巧"是针对教师的说写技能提升，"家庭说写八讲"是针对父母的操作指导。她把这套思维训练的说写课程从学校扩展到家庭，与家庭教育结合起来。这个成果真是太棒了！

这套作品涉及的主题非常广泛，形式也非常丰富，既有诗歌，又有散文，既有演讲，又有更多的教育叙事、论文和操作性、指导性很强的手册等。书中主要关注的三点，既是中国教育的重要问题，是中国教育改革重视的三个方面，也是世界各国当下教育面临的难题，是全球教育改革最需要做的三件事。

第一是教师的专业发展。教育改革的主力军是教师。要使教师能够成长，最核心的是教师的专业发展，要不断为其提供动力，使其提升能力。童喜喜思考和写作的这一点，也是世界各国重视学习中国的一个热点。特别是中国在国际学生评估项目（PISA）评比中取得优秀成绩之后，很多国家把这样的好成绩归功于中国教师的能力和中国教师在专业发展上的贡献。童喜喜连续十年捐赠稿费，为一线教师开展公益项目，帮助数千位一线教师成长，经验值得借鉴。

第二是新世纪的家庭教育。中国历来重视家庭教育，父母对孩子有着很高的期望，在家庭的亲子关系、教育投入上有着优良传统。这些对世界各国的教育都很有启发意义。进入信息时代，家庭教育有哪些重要变化？有哪些新的方法？童喜喜对这方面的解读，也是一个重要的贡献。可以看出童喜喜进行的努力，把中国传统的家庭教育提升到了一个新高度。

第三是学生学习成长。学生的学习问题在很大程度上是学科阅读的问题，学生的发展问题在很大程度上是写作的问题。阅读和写作问题，是世界各国都面临的最重要、最困难的问题。童喜喜不仅把阅读和写作视为研究的重心，而且对其有很深的理解，并给出了很好的建议。其中，"童喜喜说写课程"对写作和阅读的探索，即便在美国，同类研究也没有多少文献记载，没有多少经验分享，从世界范围来看，也具有很强的引领性、创新性和指导意义。

这些年来，我听许多老师讲过，特别喜欢读童喜喜的书，喜欢听童喜喜演讲。我也有同感。这套作品再一次给了我这种感受，主要有以下四个特点。

第一，内容具有很广的适用性。

内容能够满足读者的需求，大家爱读、大家想读、大家要读，这是对一本好书最基本的要求。作为一套书，当然更应该如此。

我在中国读完大学，又在美国的大学执教三十多年，无论中国还是美国，有一件事让我深有感触。一直以来，特别是进入信息时代之后，书很多，文章更多，但并不是所有的书或文章都能吸引人们去读。国外真正有价值的教育著作也不多，从概念到概念的所谓文章和图书，只是抄来抄去，增加文字垃圾，对教育现状没有积极作用。

尤其在当今的教育领域，从世界范围来看，存在理论和实践脱节的巨大鸿沟。许多大学教授的教育理论，看上去挺好，但高高在上，难以深入实际，读者本就不多，更难落实到一线教育中。一线老师往往认为这些教育理论艰深难懂，无法应用，教师的专业发展因此受到限制，新的研究成果很难进入一线教学工作中。近些年，有观点提倡一线老师从事研究与写作，但一线老师受到客观条件限制，存在很多困难，出版教育专著的不多，一线实践者的写作水平通常也不太高。因此，实践工作者够不上理论工作者的理论高度，理论工作者难以切入实践工作者的工作实践。在教育中本应密切配合的双方很难沟通，这是全世界普遍存在的现象。

只有好的教育作品，才能填补专家与一线实践者的巨大鸿沟。童喜喜正是做出了这样的努力，她的作品确实填补了这个鸿沟。

童喜喜作为深入一线的专业教育研究者，特别懂得一线教师需要什么，能够迅速把高深的教育理论深入浅出地表达出来，能够把自己专业研究的知识贡献出来，把理论转换为专业技能性的指导，转化为教育方法，真正满足读者的需求。对于能够真正提高实战技能、专业素养的作品，广大一线教师是有很大需求的，这套作品就能够充分满足这些需求。

第二，叙事具有很深的启发性。

一本好书，应该具有启发性，能让读者有感想、有思考、有共鸣，甚至觉得感同身受。这不是每个作者都能做到的，尤其是教育作品，能够让读者感同身受的不多。但我相信，童喜喜的这套教育文集能够取得这样的效果。

综观童喜喜的这套教育文集，其使用的创作手法就是叙事。童喜喜用自己非常拿手的讲故事手法、深度描述手法等，来进行教育的叙事研究。可以说，本套作品是进行叙事研究的教育成果。

叙事研究是目前世界上正在大力提倡的教育研究方法。它把事件放在一个大背景下，观察事件、表达事件、反思事件、揭示事件，在所叙述的原有体验或原有研究的基础上，深入阐释，揭示事件背后的深刻意义，进一步总结归纳出理论或操作方法。

比如童喜喜的《智慧行动创造教育幸福》一书，就把新教育的十大行动，通过叙事手法，研究、分析、解释得非常到位，把十大行动真正落到实处，进行了条理化、系统化、操作化的梳理与总结，做得非常深、非常细，也非常务实，给出了非常方便的抓手。我当时就说，这是十大行动的2.0版本，是十大行动指南。这也是这本书取得非常好的销售成绩并且获奖的原因。

童喜喜的这些著作，对叙事的手法运用得非常好。这些书里的叙事，几乎都可以作为我们教师在专业发展中学习叙事研究的一个范本。因此，从这套书中，读者可以学到很多。

童喜喜所做的教育叙事研究是非常难能可贵的。她做的很多工作填补了许多教育研究的空白，也弥补了许多教育著作从概念到概念、从理论到理论，从而少有人问津的缺憾。她把高高在上的理论与一线教育的实际联系起来，让叙事研究深入浅出，把教育文章写得喜闻乐见，让教学方法变得清晰简洁，让一线教育工作者喜欢阅读、乐于实践，这就是这套作品对教育的杰出贡献。

第三，理论具有很强的深刻性。

有深度的作品才能耐人回味，激发人们进行深度思考，而深度思考当然离不开理论。

来自国外的理论概念，一般来说只有经过本土化改造，具有中国的文化背景，结合中国的教育实践，才能真正对现实有所激发，才真正具有深刻性。我们可以从童喜喜的文章里看到，对于一些理论，她并不是进行大段深奥的论述，而是用很通俗的语言来表达。

比如，童喜喜提出"同心圈"理论。

她在家庭教育中，运用了这个概念，来描述儿童与世界的关系：同心圈的中心是儿童。在儿童中心的周围，是家庭，是教育，是工作，是文化……这些外部的环境，一圈一圈地扩展出去。

她在新教育十大行动中，也用到这一概念。这时，是以行动为中心的，到教室，到学校，到区域……这些行动的范围，也是一圈一圈地扩大。

童喜喜告诉我，图示应该直观反映思想理念，比如马斯洛的需求层次理论以同心圈表达比阶梯式表达更好，我认为很有道理。童喜喜的同心圈理论，用文学化的语言描述理论，实际上是用同心圈的概念来讲人与世界的关系。

换一种纯粹理论的语言来说，同心圈所说的就是生态学理论：从心理学的角度来说，就是心理生态学，也就是环境影响在孩子成长发育过程中所起的作用；从教育学的角度来说，就是教育生态学。如今国际上教育学者普遍认为，教育要做好，必须从家庭到学校，一层一层地往外扩展。

又比如，我在《新父母孕育新世界》一书中，看到童喜喜提出了一个很好的概念——"元家庭"。

元家庭这个概念的核心，是讲如何通过叙事手段进行记录，把家风、家教、家训、家庭精神在代际之间进行延续和发扬。如果用纯粹的理论语言来描述，那么我们能看到实际上就是社会资本与文化资本的理论。社会资本与文化资本的理论，正是研究这些社会关系，特别是家庭关系，怎么通过文化传承，来做到代际传承的。

本套作品提出的理论有着深刻的理论背景。作者提出的概念十分深刻，又是深深扎根在中国的基础上提炼而成的，因此，这些土生土长的概念能够促使人们深思，鼓舞人们行动。

第四，语言具有很强的感染性。

好的语言是跨越理论与实践鸿沟的桥梁。特别是从交流的角度来说，一定要有好的语言，才能更好地描述和解读，使人们能够准确理解作者的思考。

童喜喜有一种一般人没有的能力，那就是把很复杂的事情，用很精练、很到位、很传神的语言传递给教师、传递给父母、传递给孩子，能把深奥的道理说得通俗易懂。这不是一般的教育人能做到的，也不是一般的作家擅长的。

童喜喜既有教育人的思想与方法，又有作家的文笔。在语言上的功力成为她的优势，无论书的整体结构、文章的起承转合、标题的凝练传神，还是文字的张弛有度……都非常吸引人。

好的作品一定具有这些特征，而这些特征在童喜喜的书里得到了清晰的体现。因此，我可以非常自信地说，这套作品一定会非常成功。

童喜喜就像一只小蜜蜂，采撷着教育一线的花粉，这套作品是从一线酿造出的教育蜜糖，也是为教育一线酿造的蜜糖。相信在未来，童喜喜会酿造更多蜜糖，给更多人带去更多惊喜，带去新教育的幸福，带去好教育的甜蜜。

推荐序

美国高等学府教育学院第一位华人院长、
美国纽约曼哈顿维尔学院(Manhattanville College)终身教授　万毅平

罕见作家的教育人生

2021年3月9号,我突然收到童喜喜发来的一封电子邮件,她写道:"敬爱的万老师,有一件事情您肯定不会拒绝我,您帮我给一本书作序吧。"

我接到邮件,不知道怎么回复。因为就在前一个星期——3月2号前后,我们院长刚刚提名我代表教育学院参加全校的战略规划委员会。这可能是全校最重要的一个委员会,要规划学校将来5~10年的走向。我婉言拒绝了,理由是我这个学期特别忙。因为一位教授临时决定退休,我替他教了博士研究生的课,结果有生以来我第一次一学期开了三门博士研究生的课,同时还要指导很多博士研究生撰写论文。

所以我想了想,还是给童喜喜说实话——我没时间。但是,在回邮件拒绝之前,我还是忍不住把附件里的书稿打开看了一下。这一看,就一发而不可收。从打开电子邮件开始,我一口气就把这本书全看完了。这本书,就是童喜喜的新作——《在没有路标的大地上》。

近些年来,我从来没有过一口气把一本书读完的经历。这本书确实是童喜喜的心声,也引起我的很多共鸣和思考。

童喜喜作为一名中国资深儿童文学作家,年纪虽轻,但已经出版了40多部文学专著，而且作品经常登上畅销书榜，所以她并不需要任何人替她打广告做宣传。但是，童喜喜的经历与大部分作家都不一样。她从1999年开始资助失学儿童，然后推广阅读，到山区支教，去北川捐赠，做各种公益活动。最近十年，她又从事新教育实验的一系列活动，成为新教育的中坚骨干力量。

儿童文学作家是童喜喜的主要身份。但她身为一名作家，又长年奋斗在教育第一线，走访各种各样的学校，为老师、为学生、为家长开展形式各异的公益活动和讲座。说实话，无论我认识的，还是听说的，无论中国的，还是美国的，在作家当中，这种履历都是非常罕见的。

《在没有路标的大地上》分成"故人不远""北川三忆""教育永新""雕塑自我"四大部分，从不同侧面记录着童喜喜的这种罕见的作家人生。

第一部分"故人不远"，顾名思义，回忆了一些故人故事。其中，童喜喜提到两个大家都比较熟悉的名人，一个是写就《孩子王》的波兰儿童文学作家、教育家科扎克，一个是著名儿童心理学家皮亚杰。童喜喜对科扎克和皮亚杰的理解，实质上是对她从事的教育公益事业的一种很好的诠释。从这个细节可以看出，这正是她与一般作家的不同之处。她缘起于文学，后来又倾情在志愿活动中，把大量的时间、金钱都投入教育公益中，使她的人生创造了一个又一个高峰。

第二部分"北川三忆"，讲的是同汶川地震有关的三个回忆。汶川地震发生在2008年，童喜喜通过对往事的回忆和反思，讲述了校园及对心灵的自我救赎、自我教育。

第三部分"教育永新"，从与中国著名教育家朱永新博士的对话开始，详细记录了她对新教育实验的全面分析，描述了她与朱永新博士亦师亦友的交往细节。其实我比童喜喜更早认识朱永新，因为我们毕业于同一所学校，早在20世纪90年代就有交往。但是对朱永新的了解，我远不如童喜喜。童喜喜对朱永新的敬佩景仰，在文字里得到了完美体现。所以，同行未必相轻，优秀的人物可以互相吸引。

第四部分"雕塑自我"，讲述了从2009年到2021年初童喜喜的心路历程，记录了她的一些非常有趣又很有意义的人生历练和经验。比如其中一篇文章，标题是《善良的标配是智慧》。大家可能都会认同一个观点：善良的人不一定都冰雪聪明，但是，凡是有大智慧的人，必定有一颗善良的心灵。童喜喜的善良，不仅在她的作品和行动中有着充分的体现,而且还可以溯源。比如书中写到,童喜喜的母亲坐在车里,看到路边的农民在田里挥汗如雨地劳作,就发出由衷的感叹,觉得农民不容易。所以童喜喜的善良,很大程度上是受她的母亲影响,源自她的家庭。

在本书的最后,童喜喜提出了一个世界之问——这个世界会好吗?

童喜喜以她的新书,给大家描绘了一幅美妙的前景:只要人人都献出一份爱,这个世界肯定会越来越美好;我们大家都应该珍爱生命,让这个世界一天天变得更好。

或许,正是因为大地上没有路标,所以才有不循规蹈矩的创新,才为乐于行走的人们留下了更多可能。

回想起我和童喜喜的结识,也算是一种"没有路标"的交流。2019年夏天,我和童喜喜共同参加一次会议。同年年底再次回国,我就应邀参加了在山东诸城举行的全国第三届"童喜喜说写课程"研讨会。

在那次会议上,我深度参与了研讨,和全国各地的近千位参会教师一起,目睹了童喜喜与来自福建、河南、江西等全国的20多位校长、老师在说写课程上的探索,又走进山东诸城当地的两所小学现场观摩。

在那次会议最后,我以三个词总结了感受——惊讶、高兴、感动。我因一线老师和校长在经验分享中体现出的高超水平、激情而惊讶;我为今天中国的孩子们、为咱们中国教育的未来而高兴;我被那样一群把全部心血灌输进了课程之中、教学之中、孩子生命之中的一线老师深深感动!

感慨之余,我给童喜喜留下过长长一段话——

"童喜喜说写课程"深受欢迎,主要原因之一是接地气。童喜喜长期深入教学一线,有许许多多教学一线的朋友,知道教师们和学生们最缺什么、需要什么。

她那儿童文学作家的敏锐眼光和对教育的热爱,使她编写的教材既符合教学原理,又切合实际,同时将学生兴趣和知识点巧妙结合。

中国的老师和学生们都非常勤奋,但是苦干有余,巧干不足。"童喜喜说写课程"为师生们在苦干加巧干这条路上的探索提供了利器,自然会事半功倍。

期待"童喜喜说写课程"将听说读写有机结合,形成一套完整的教学体系,成为中国新的 Literacy 教育,为全球的听说读写提供创新、高效、快乐教学的模板。

一场疫情突如其来,拉大了人与人之间的距离,也逼迫每个人对生命进行更多思考。人生不可能有路标，一个人应该如何走自己的路？童喜喜正在一边行走，一边观察，一边记录。

就在这本书里，还记载着好几位童喜喜的朋友们的故事。这些朋友默默无闻地为教育事业做出贡献，在平凡中见伟大。这些人、这些事给童喜喜和我们所有教育人一种鼓舞、一种力量。

我认为各年龄段的读者都会喜欢这本书。我希望本书能够超过童喜喜以往的40多本书，成为她最棒的一本。当然，我更希望最棒的一本书，永远是童喜喜的下一部作品。期盼童喜喜走在没有路标的大地上，不断实现更多可能。

目录

一 故人不远 .013
    在没有路标的大地上 .016
    爱人，是我幸福的不竭源泉 .027
    把你的美好在我生命中活下去 .032

二 北川三忆 .047
    朝向北川追问 .050
    新北川的心灵试炼 .054
    北川的生之绝望与爱 .059

三 教育永新 .065
    对话朱永新 .068
    唯一不能放弃的就是新教育 .074
    结巴生涯 .081
    致教师一颗永新的心 .085
    自由行动 .090
    当教育和生活融为一体 .095
    阅读浸润童年的精神原野 .101
    荣誉不是佩戴在个人胸前的勋章 .113

四 雕塑自我 .117
    2009年生日：祝我生日快乐 .120

2013年元旦：飞吧，萤火虫，相信未来！ .126

2014年新春：生活在天空之上 .130

2015年新春：我要我们幸福 .133

2016年元旦：我们不做他人的远方 .136

2016年生日：我当副院长的这一岁 .140

2017年元旦：善良的标配是智慧 .147

2017年生日：朋友是精神的家人 .151

2018年新春：每一个今天，都是生之庆典 .157

2019年元旦：凡人皆英雄 .161

2019年重生：我是我——关于辞去新教育理事会副理事长、
　　　　　　新教育研究院副院长的公开说明 .166

2019年生日：今天是我的生日，我的祖国 .178

2020年元旦：每一滴悲伤都可以灌溉美好 .181

2020年新春：我爸我妈，在已被封城的武汉 .185

2020年坚定：这个世界会好吗? .190

2020年生日：我回来了——不当副院长的这一岁 .193

2021年元旦：最好的榜样是明天的自己 .197

后　记 .201

附　录　童喜喜主要创作年表 .205

一　故人不远

人生终归是离别的旅程。

一路走，一路散。

留下来的那些记忆不属于他人，而属于自己。

在离去的朋友中，牢牢握住一些记忆的碎片，不是为了怀念他人，而是为了温暖自己。

人类由古至今都在呼唤：在物质之外要有精神，在利益之外要有情感……这并非假道学，恰恰是真幸福。

故人以生命温暖着我们，照亮着我们，为我们指引着幸福之路。

在没有路标的大地上

他，雅努什·科扎克，终于"来到"了我们身边。

一本关于他的传记——《孩子王》，两本以他的经历创作的小说——《重返10岁》和《小国王》。相较于科扎克丰富的创作和壮阔的一生，区区三本书实在不多，只能基本勾勒出他的模样。但是，有的书只是书；而有的书，同时也是人。这三本书属于后者。尽管时空久远，生死相隔，但灵魂借文字穿越时空，使作者在人们的阅读中得以"复活"。

读着这三本书，我边读边想，我必须为他写一篇文章——不，我恐怕得写出一本书，才可能基本完整地表达我的感受——不，我可能得用一生，才能逐渐呈现我在阅读中的收获。

最终，读完书的我满怀忧愁。

我愿意相信，文明发展到今天，每个中国人都会乐意认识科扎克。因为，他是一个早就应该被我们认识的人。

可是，科扎克在今天的到来适逢其时吗？

我忧虑着，既害怕科扎克此番被我们冷遇，同样害怕我们对科扎克过于恭敬。

1

你认识科扎克吗？

依照惯例，我们可以非常轻易地认识科扎克。比如，通过这样的句子——

"斯皮尔伯格以电影《辛德勒的名单》向科扎克致敬；

"在波兰籍人对人类有重大贡献的人中，科扎克与居里夫人、肖邦等齐名；

"联合国宣布1978—1979年为'雅努什·科扎克年'，为纪念他100周年诞辰；

"波兰议会将2012年定为'雅努什 科扎克年',纪念他牺牲70周年和建立孤儿院100周年……"

这一类光环般的灿烂的句子还能一直排列下去。并且,这些内容都是真实的。

没错,我们必须承认,科扎克是一位已成为"完成时态"、已接受过历史检验的伟大的人。

他是一位教育家。他创作了多部关于教育的书籍,亲自担任数家孤儿院的院长。他的教育观点,尤其是对儿童的认识,远远超越时代。在1959年联合国《儿童权利宣言》和1989年联合国《儿童权利公约》中,依然体现和运用了当年他对儿童权利的理念。

他是一位作家。他创作了大量的儿童文学作品,他的代表作《小国王》在波兰家喻户晓,那是可与《彼得潘》《爱丽丝梦游奇境》媲美的名著。1937年,年近花甲的科扎克还被波兰文学研究院授予学术金奖。

同时,他创建了孤儿院并亲自担任院长。在第二次世界大战中,他一再放弃生存机会,最后与孤儿院里192名犹太孩子一起走进特雷布林卡德国纳粹集中营,用生命呵护、抚慰孩子的心灵,直到死亡降临。这样的史实,绝对是传奇里浓墨重彩的一笔。

而且,因为他的父母没有及时为他做出生登记,他出生年份不详,不知究竟生于1878年还是1879年;同时,因为没人在集中营里目睹他生命的最后一刻,所以他的死亡日期也不详,不知究竟是1942年的8月5日还是8月6日。这样的模糊,恰是传说中可供发挥想象力的神秘要素。

这让人尊敬的科扎克啊,他是全人类的英雄!看,我们会情不自禁地发出这样的感慨。

我们当然可以这样,似乎也应该这样大声赞美他。对于这样的科扎克,我们很乐意认识,我们甚至很容易认识。

因为我们的生活太平庸,需要一点刺激。英雄带给我们的,就是我们需要的与众不同。我们认识了英雄,品读着英雄,在文字中心心相印,哭哭笑笑。只识英雄一点点,清水生活变鲜汤。

何况,智慧非凡的网友们早有结论——远方的诗人是个神话,隔壁的诗人是个笑话。远方的科扎克,正是这样处于安全范畴内的神话。我们可以轻易传诵英雄的故事,并把这科扎克的故事在口耳相传中缔造为传奇,又在节节拔高中升华为神话。

当我们把英雄送上高空，也就终于和英雄拉开了距离，我们从而得以继续安全匍匐在大地之上。

有人说，匍匐前进最安全。可能吧。谁说不是呢？只是，在地上趴久了，只需抬头仰望高空，就有正在飞翔的错觉。谁都无法留意到前进与否。

我相信我的怀疑有足够的证据，因为我甚至在《孩子王》一书中，就读到了此类的矛盾——

中国译者在序中，如此描述科扎克牵着孩子们走上通往灭绝营的死亡列车："生命之光闪耀在科扎克最后一刻……在孩子们高亢激昂的歌声中，静静地走上了未知的黑暗旅途。"

美国作者在书中，却这样记录下同样的时刻："德国人拿着皮鞭催人上车，要是一般混乱的人群早已厉声尖叫起来，但孩子们排成四队，维持着自己最后的尊严，平静地上了车。"

很显然，前者是我们习惯的中国式悲壮。

所以我相信，如果科扎克活着，听到我们的赞美，他肯定会用那一贯讥讽的口气，说："胡说八道，我才不是这样的。"

他一定会这样说。

2

科扎克真的很普通。

而且，"他知道自己小时候的举动一定没让父亲觉得他将来会多有出息"。

他貌不惊人。个子不高，身材单薄。从 20 岁开始，他的头发就日渐稀少。

他胆小。被父母叫到亲友面前背诵诗歌，他会紧张到脸色苍白，磕磕巴巴。

他过于敏感。童年看戏时被陌生人照顾，都会让他觉得神秘、恐怖，觉得"很可能地狱真的存在"。

他接受的基础教育不够优良。根据以上表现，他接受的学前教育显然也不太成功。7 岁后，他走进学校，更完全无法适应严苛的校园生活，以至于入学几个月后，父母就不得不让他退了学。

他的责任心也不强。他 11 岁时，父亲第一次精神崩溃，住进精神病院。他没有

"穷人的孩子早当家",而是愈发躲进自己的世界里,开始写诗、学习外语、出门旅行,逃避生活的苦难。

他却有着不那么合时宜的自尊心。带着父亲求医问药,受点委屈不是很正常的吗?可对他而言,主治医生脸上的笑容总是显得"屈尊俯就",也会让他感到受了羞辱。

最可怕的是,看来他并没有才华。他写诗"纾解自己阴郁的心情,然而他的诗歌却受到一位知名编辑的奚落"。

他碌碌无为。18岁时,缠绵病榻7年的父亲去世,那时家境早就一落千丈,为了贴补家用,他找到的工作是给熟人和有钱朋友家的孩子做家教。

他优柔寡断。最显著的事例是:为了决定是否去一趟巴勒斯坦,其间的纠结长达数年,反反复复,实在令人瞠目。

他极为不孝。中国人讲究"不孝有三,无后为大",犹太民族也是著名的重视家庭的民族之一。而他身为家中的独子,在35岁时就决定终身不娶。他和女性好友斯黛法共同建造了孤儿院,后者是他其后厮守一生的事业伴侣和知己,他却始终坚持原则,压根儿不认可家庭在保守的天主教和传统的犹太环境中所扮演的角色。

而且,他脾气古怪,言语刻薄。他对孤儿是耐心的天使,对实习教师是粗暴的恶魔。

还有,他一点儿也不艰苦朴素,简直堪称小资。比如,他幻想在山上建一座孤儿院。"孤儿院的房子,比如餐厅和宿舍的房间,一定要宽敞。我要在屋顶的露台上建一个房间,不用太大,但要有透明的墙,这样就能看到每一次日升,每一次日落,而且晚上写作时,一抬头就能看到繁星满天。"

最致命的应该是他胸无大志吧。

中国人说"有志之人立长志,无志之人常立志"。可他呢?14岁开始,想当博物学家、作家;20岁开始,写作的剧本获得一个荣誉奖,写作上刚被认可,他又决定,全身心投入医学事业;32岁开始,他的文学和医学事业正值蒸蒸日上,他又要全力投入孤儿院的工作……

尽管后来他在文章中宣称,"他决定了他不要建立家庭,而是为了儿童和儿童事业奋斗",但在他生命中最后那段住进犹太区的岁月,那段被后世的聚光灯所笼罩而致璀璨的日子里,他在日记中记下对战后生活的畅想,依然暴露了他最真实的想法。那篇日记，堪称胸无大志的范文：

"或许有一天有人会邀请我一起重建波兰，重建世界。不过应该不太可能，而且我也不想去。我只想要一个自己的办公室，每天有固定的工作时间，可以跟人们交流。办公室里有一张书桌、一台电话、一把扶手椅，每天就把时间花在鸡毛蒜皮的事情上，与没什么野心的小人物计较，写微不足道的小事情。"

看，这也是科扎克。

品味着这样的科扎克，是不是能够令你会心一笑，有着照镜子般的羞怯与满足呢？

马克思说："搬运夫和哲学家之间的原始差别要比家犬和猎犬之间的差别小得多。"我们和科扎克之间的差别，也差不多如此。

3

如果不能从科扎克中发现自我，那么，远道而来的科扎克最多不过是一个美好却空洞的符号。所有以图腾出现的美好，也将死于象征，它令我们膜拜，而永远无法在你我身上复活，也就永远无法在人世出现。

长期被集体的宏大叙述所裹挟的我们，必须从对"大我"的叙述中抽身而出，才能获取自由，才能让生命扎根于坚实的大地之上。但与此同时，我们必须为个体生命注入鲜活的思考，并将之倾注到点滴的行动之中。只有这样，日常生活经验的意义与价值，才不会被消解，而它们的叠加，完全可以等值甚至超越于电光石火的生死一瞬。

当我们把日常生活经验完全贬值为琐屑与犬儒，理想势必变得空洞，其意义完全等同于口号，人生恐将沦为虚无。甚至，对科扎克的阅读还可能变为愤懑的柴火，对照科扎克的境界，我们当然更有理由对现实的教育义愤填膺。

问题在于，义愤之后，我们在做什么呢？

科扎克没有任义愤之火的灰烬，埋住自己的心。

正是那个真实的科扎克，是那个敏感脆弱羞怯甚至胆小的科扎克，才会在不断的空袭中，为了不让孩子们担心而一直露出笑脸，却在听到孤儿院的教员说"我不想一个人，我很伤心"时，忍不住轻轻说："天啊，谁不伤心，全世界都很悲伤。"

正是这样感受到了全世界的悲伤的科扎克，原本柔弱的灵魂才会被跌宕的人生境遇一再淬火，最终百炼成钢。他知道自己的弱，所以努力在与命运的拔河中，自己牢牢握住长绳的这一端。他在一生中做过很多次决定，每一次都认真地做出决定，然后全力去践行决定。

我们必须更加关注这样的科扎克，由此我们才可以深切懂得科扎克的彷徨与孤独。只有懂得这个"小我"的科扎克，才能懂得被称为"怪人"的科扎克所追寻的究竟为何物。

也只有这样的科扎克，才会对抗着与生命相伴而生的孤独，才会孤身一人走上一条长路。因为他说："我们必须追根究底，书本里找不到，那就一直找。我们要找寻的是关于人类、关于宇宙的终极真理。"是因为这样苦恼的诉说，他才会一路执拗地寻找着。文学、医学、教育乃至种种社会活动，都是他寻觅的方式。

人类的存在不过区区数千年。和宇宙洪荒相比，可以忽略不计。但是，人类已经忙不迭地变得僵硬，急于把很多事物固化。

比如信仰。

谈及信仰，人们就会端出无数现成的教派、主义，似乎只有依靠某个群体的力量，才能让自己站立在大地上而不颤抖，复归于大地时不胆怯。越来越少的人记得，所谓信仰，不过是一种相信。在生死一线的时刻，更少的人会选择相信自己——宁肯与世界为敌，也信自己的内心"所信"。

科扎克却是一个相信自己的判断胜于一切的人。从他一切违背常理的人生选择可以看出，他在寻找"所信"。找到之后，他就信其"所信"。与其说他创建了孤儿院，不如说他找到了孤儿院。他在这些孤儿身上，安妥了"所信"。

因此，一个内心有"所信"的人，为了自己"所信"而死去，是另一种幸福。从这个意义而言，陪伴着孩子们走上死亡列车，求仁得仁，亦复何怨？他选择孤苦无依的孩子们，选择死亡，只是用行动证实了他说过的把每个孩子视为亲生孩子，证实了他说过的："我存在不是为了被爱，被赞美，而是为了去行动，去爱。人们没有义务帮助我，但是我有义务照料这个世界。"

我更想知道的是：到生命尽头，科扎克认为自己找到了终极真理了吗？

这一点，我不知道。我真想知道，可没人知道。

我想，如果存在所谓终极真理，那么，不过如科扎克这般——在生命的每个转折处，听由自己敏感的心的召唤，去做当时应做之事。仅此而已，如此足矣。

幸运的是，我也完全拿得出证据来证实，我们也没有任燃烧的心熄灭。

在《重返10岁》中，科扎克借主人公之口做过一番幻想："假期到了，孩子们全都聚集在学校前面喊着'求求你了，先生，我们不想放假，我们想要上学。'……我对学生们解释说'假期就是假期。老师需要休息。你们自己也知道的，他们累了就会生气，然后就会冲你们大吼大叫。'"

这样的文字，很可能不仅是设想，而是科扎克生活的映射。一群饥寒交迫的孤儿视孤儿院为家，并不是异想天开。

就在2011年的中国，当我在内蒙古罕台新教育实验小学里担任义工组长时，就在那所学校里，亲眼见到了与科扎克的描述类似的真实场景——

放假时，一群孩子围着老师，恋恋不舍；假期间，师生之间短信、电话往来不断；返校了，学生喜气洋洋如过节日。更夸张的是，有的同学会追着老师喊："老师，再给我考一次试吧。"因为，那一张张的测验题，全部答对自然满分，答错就会被老师笑眯眯地提醒，全部改正之后也是100分……

这样真实的事件，就发生在当下，发生在你我身边，原因是那所学校的校名中的三个字——新教育。

据资料记载，科扎克在早期就关注与培养儿童相关的事务，并受到"新教育"理论和实践的影响。

而新教育人，这教育的"盗天火者"，从那时到现在，从欧洲到中国，一直在行动。如今在中国，新教育实验是规模最大的民间教育公益组织，全国已经有1700所学校在不同程度上践行新教育理念。

4

瑞士著名心理学家皮亚杰成就非凡也心高气傲，一生很难看得起谁。但是，他在探访科扎克创立的孤儿院后，却说："科扎克是一位伟大的人，他有足够的勇气相信儿童和青少年，把事关重大责任的艰巨任务放在他们手里。"

科扎克一生先后以医疗、写作、教育等种种实践，力图破解儿童的密码，穿越童年的迷宫。在写作上，为他赢得殊荣的是儿童文学。

在他创作的《小国王》一书中，借不满10岁的国王——马特的成长，描绘出一幅儿童独立自治的社会长卷：让大人上学，让孩子上班；设置成人与儿童两大议会；为孩子们创办报纸……不必形容情节如何引人入胜，总之，哪怕为《哈利 波特》痴迷的孩子们也自然会为其着迷。更重要的是，在他的孤儿院里，就在推行儿童自治，他为此在孤儿院里成立了儿童法院，让孩子们自己解决彼此之间的矛盾。

让孩子自治岂非荒唐？当然，我们可以说，这只是科扎克源于自己生活的创作。可无独有偶的是，几乎与科扎克生活在同一时代的英国著名教育家尼尔，在他创办的那所闻名遐迩的夏山学校中，也成立了学生自治会和师生共同参加的自治会，所有决议都由自治会决定进行。其结果让人们喜出望外。

或许，我们的世界由大人统治得够久，应该换一种更纯真的办法来管理？

他创作的《重返10岁》一书，更是借成人教师返回自己童年的遭遇，直截了当地同时呈现大人与孩子的两个视角，完全取得了立此存照的效果：

"但我是个小孩儿：我有不同的时钟；我有不同的方法估计时间；我有不同的日历。我的一天分成短暂的秒和漫长的世纪，而且能持续到永远；

"跟大人比，小孩儿哭的时候更多，不是因为他们爱哭，而是因为他们更敏感，因为他们承受的痛苦更多；

"我们的童年时代——这就是真正的生活。为什么？出于什么原因，他们让我们等待？大人们为老年生活做准备了吗？他们还不是漠不关心地浪费掉自己的精力？他们愿意聆听老前辈唠唠叨叨的告诫吗？"

科扎克告诉我们："孩子必须被看作一个外国人——他不会说我们的语言，对于我们的法律和习俗也一无所知。"科扎克显然同时拥有着孩子与大人这两个"国度"的"国籍"。

拥有这样双重"国籍"的人，是幸运的，也是不幸的。或许，个人的不幸，会酿就人类的幸运。要怪，也只能怪天地不仁，以万物为刍狗。

但是，这样的一个人，他应该被我们真正地发现，让我们感觉着莫名的熟悉，由衷地亲昵。哪怕只是通过这三本书触摸远方的他，也会如见老朋友般，看着封面上饱满纯粹的中国红，只想说："嗨，科扎克，原来你在这里。"

5

关于科扎克，仅这三本书还不够。何况，就连这三本书里的《孩子王》，都只是节选翻译的"中文精华版"。

幸亏科扎克鼓励我们："没有哪本书或哪个医生能够取代一个人敏锐的思考和细致的观察。那些带有自己的既定方案的书籍，已经使我们的想象力变得迟钝，使我们的心智变得懒散。按照别人的经验、研究成果和观点生活，我们已经失去了自信，不会自己观察事物。"

可是，当看到科扎克死后，就连在联合国教科文组织国际教育机构刊发的小传中，他也被形容为"当代教育界最伟大的人物之一，其人格具有多面性"时，我不禁莞尔。

别林斯基曾说过一句非常著名的话："儿童文学作家应当是生就的，而不应当是造就的。这是一种天赋。"这句话，已经揭示了科扎克最大的秘密。他性格里的多面，似乎让人难以理解，其实只需要一个类比，我们就能很简单地懂得。想想看，我们平时是不是觉得孩子们一个个十分多变、没心没肺得很是奇怪呢？

科扎克就是这样一个孩子。这样一个孩子才能最深地懂得孩子。对这样的孩子，孟子早已有言："大人者，不失其赤子之心者也。"

也因此，教育和写作互相促进，身兼儿童文学作家和教育家双重身份的科扎克会得出这样的结论："如果你想了解孩子，那么就要先了解自己。在你试图描述孩子的权利与义务之前，先要明白你自己有能力做什么。首先，而且最重要的是，你必须认识到，你自己也曾是个孩子，你必须先了解自己，教育好自己。"

一个孩子活在大人的世界里是艰难的。一个表面上已经成为大人的孩子就会格外艰难。

所以，科扎克生前其实不仅获得了接踵而来的荣誉，同时承受着不绝于耳的批评：在许多犹太人眼里，他是叛徒，因为他用波兰语写作；在波兰左翼人士眼里，他永远只是个犹太人；对两次世界大战中的激进分子来说，他不积极参加政治运动，是保守人士；对真正的保守人士来说，他同情参加政治运动的人，是激进分子……

科扎克是一只"蝙蝠"。鸟认为蝙蝠是兽，兽认为蝙蝠是鸟。

然而，很少有人注意到：在这个世界上，蝙蝠是能够真正飞翔的哺乳动物。

在第二次世界大战之前，科扎克就坚持，自己既是犹太人，也是波兰人。在第二次世界大战中，他依然艰辛地搭建着犹太人与波兰人之间的桥梁。当时，他只能痛苦地在日记里写下："两个罪犯做起不法勾当来一拍即合，但两个民族，明明拥有共同的价值观，只不过历史不同造成彼此疏离，想要联合起来却那么难。"

科扎克死了。我们完全可以说，科扎克是因此而死的。

科扎克死后，以色列和波兰都宣布科扎克为本国国民；在两国断绝外交关系的前提下，双方一直正常出席对方举办的科扎克庆典，从未缺席；在华沙的一次会议上，一位以色列代表和一位犹太区前战士共同提议，科扎克在波兰应该被称为犹太人，在以色列则应该被称为波兰人……

科扎克有灵，也该为此有一点点欣慰吧！

万国之上，犹有人类在。

我们就是人类。我们这些致力于制造战争、冷漠、猜忌、死亡的人类啊，我们这些平庸脆弱愚蠢的肉体里，究竟是在何处会深埋着如科扎克这样的一颗比钻石更坚硬、比太阳更炽热的种子？为何总在最黑暗最绝望最极端的时刻，不让我们就此彻底堕落，却要突然绽放出最亮的那道光，蓦然间把苍穹照亮？

就这样，科扎克跨过成人与孩童之间的界限，超越了国家、民族，跨越了时空而存在。他其实只是一个人，一个理想的人。他是人类的一员，是我们的一员。他曾经死去，是我们的一部分遭到的巨大毁损。他此番"回来"，是我们所得到的最美好馈赠。

科扎克习惯了走在没有路标的大地上，习惯了孤零零地一个人前行，习惯了像走上死亡列车时那样"眼睛直视前方"，他根本不知道自己的跋涉，已经为后人踩出了怎样的小径，带领我们欣赏到了怎样的风景。

时代也曾将科扎克雪藏了许久。在第二次世界大战后，科扎克被封为"资产阶级教育家"，不受民众喜爱。是欧洲的诗人和剧作家以科扎克为题材创作的作品，才让他逐渐被人"发现"。

他的许多观点，比如他认为孩子的空间应该是和他们的同龄人在一起，而不是待在家里。他还宣称，传统的家庭结构并不是社会纽带中最重要和最基础的……究竟是离经叛道的狂言，还是振聋发聩的预言，还有待于人类发展进一步论证。

无论如何，就像联合国教科文组织所评价的那样："科扎克的一生，其社区活动、教育工作及创造成果，无法简单地用任何一种标准来衡量，甚至无法单纯地用一种方式来呈现。因为他是这样一种人：他对周围环境产生了巨大影响，改变了社会现实，打破了僵化的可惜教条，为建立新理论打下了基础……他自己则树立了一个榜样，告诉人们如何使世界变得更加美好。"

　　终于,科扎克"来到"中国了。他走过的那条路是那样的漫长。从那时,到现在,我们依然只能看见他的背影。

　　他还在前方,我们正在路上。

(2013年9月)

爱人，是我幸福的不竭源泉

2018年4月22日，我应邀参加"哈佛中国教育论坛"，在闭幕式上做了《让世界听见儿童的声音》的分享，讲述了我从1999年以稿费资助一个失学女童开始和教育结缘，深陷教育，欲罢不能，进行"童喜喜说写课程"研发，见证着教育奇迹的故事。

发言结尾我特别强调："我讲述的不是我的故事，是我们的故事。"

我们是几十位核心团队研究者、近百位教育管理工作者、两千多位一线老师、十几万普通父母……我们相信，让孩子发出自己的声音，才会让世界听到更美好的中国声音。这是我们的梦想。

在美国之行中，我找到了一些新的"我们"。比如，刚从加州大学圣地亚哥分校退休的阿丽达（Alida）教授、刚从哈佛大学教育学院毕业的硕士戴伟（Devon），我们仨聚在阿丽达家里——一个居民不足800人的美国小镇上，整整聊了四天。

1. 缘起文学

如果不是有了阿丽达，恐怕不会有这次美国之行。

阿丽达是加州大学圣地亚哥分校研究国际儿童文学的教授，2017年11月22日，在国际儿童读物联盟（IBBY）时任副主席张明舟老师的推荐下，我和她有了一面之缘。

在当晚的闲聊中，我讲了我写作的几本书的故事梗概，张老师翻译。翻译到以反思南京大屠杀为主题的童书《影之翼》时，出现了我永生难忘的一幕：翻译中，张老师数次哽咽，不得不中断翻译；倾听中，阿丽达从开始的热泪盈眶，到用手指悄悄拭泪，再到拿过餐巾纸毫无顾忌地擦拭……故事讲完，阿丽达轻声反复说："哦，天呐！天呐！这真是一个神奇的夜晚！"

张明舟先生是中国人，家国情怀浓郁。我和他结缘，就是因为他第一次读完《影之翼》就流泪了。所以，看见他流泪，我非常感动，但并不奇怪。

阿丽达是一个外国人，我们是第一次见面，她作为国际儿童文学研究者对童书见多识广，仅仅听了故事梗概，竟如此动容。这深深震撼了我。我渴望有机会真正了解这个人，拥有这个人的一段时间，一段生命。我告诉她："哈佛中国教育论坛有可能邀请我去发言。上一次被我推掉了。这一次我不会推辞。如果我去美国，就去找您。"

心中怀着一个约定，就像在春天播下一颗种子。

在那之后，我常常想起阿丽达，却从没找过她，而是想起她，就更加努力地工作。因为，如果去美国，需要消耗很多时间，我最欠缺的就是时间，要好好工作把时间尽可能留出来。如果再见到阿丽达，我也希望有更多的故事讲给她听，多工作才能多收获一些美好故事。

后来阿丽达通过朋友再一次找到我，主动表示愿意进行我的作品的翻译工作，我很高兴地同意了，却还是没和她直接联系。我担心我英文不好，万一产生误会，让她以为我为了什么利益与她交往，可就辜负了她因为《影之翼》流下的泪水。

临行前的几天，我的所有随行人员全部被拒签，我既郁闷又发愁，一度准备取消美国之行。打电话向两位我信任的老师请教之后，最终还是想到了阿丽达，让我下定了决心。

见面之后我才知道，阿丽达不仅是著名的儿童文学研究者，还早就是一位知名的儿童文学作家。她创作的第一部童书，以自己大儿子的生活为蓝本，销售70多万册，稿费成为大儿子的大学学费。这一次对我的作品，她邀请了自己的同事——来自中国的张正生教授翻译，自己再亲自编辑、润色。

我对阿丽达说："当你为《影之翼》流泪之时，我第一次明白，两个人之间，灵魂是可以如此亲近的。"

文学是人学，没有国界。童书更是人性光芒的汇聚。为了一场近百年前的屠杀，为了一个孩子的故事，不同国家、不同种族、不同语言、不同年龄的人，流下同样温暖的泪水……人类最终的和平，又怎么不可能呢？

2. 倾情志愿

我到美国，戴伟负责接机。见到他我就愣了——微信群里起了中文名字、用中文交流的，是一个满脸大胡子的美国男青年。

戴伟告诉我，他参加了"美丽中国"公益项目，在云南山村小学支教，当过两年志愿者，后来又得到另外两个项目的支持，多次到过中国。

异国遇到中国通，又和我一样有过支教经历，让我喜出望外。恰好我见阿丽达时需要一位翻译，我对他发出了邀请，他爽快同意给我义务担任翻译。

戴伟对乡村阅读推广非常感兴趣。他告诉我，美国流行一种"Little Free Library"的免费图书漂流：在路边架起一个只能放数十本书的小书箱，每个人都可以随意放进一本自己的书，随意拿走一本喜欢的书，鼓励大家阅读和交流。他认为，中国乡村应该有大量这样的图书漂流箱。

我则认为，中国乡村不能照搬这个做法。阅读在乡村的当务之急，是理念的传播和方法的指导，应该从助力乡村教师着手。我举出我推动8年、服务于教师成长的"新教育种子计划"，和推动7年、服务于父母的"新教育萤火虫亲子共读"，都是从支持教师着手，引导父母，推动阅读，效果不错。

如果在中国建立类似的图书漂流箱，由谁负责更好？架设在哪里最高效？我和戴伟一路讨论类似问题。到达小镇后，戴伟在路边发现了一个这样的小小图书箱，我们一阵欢呼，扑到面前细加观摩……

戴伟最打动我的，还不是他的梦想，而是他的迷惘。

哈佛学生毕业找工作不难，但戴伟想做学术研究，毕业后选择了留校和导师一起做教育项目。从生活而言，这不算长久之计。戴伟的问题是："有一份工作，我投入时间就能赚到不少钱，但那不是我热爱的。我是去做这个工作，先赚一些钱，还是直接做我想做的研究呢？"

这个问题，如同哈姆雷特试问"生存还是毁灭"一样，如此简单，又如此振聋发聩。

我说，当然应该先赚钱。多赚钱，少花钱，很快就赚到够生活的钱了，就赶紧收手。

但是，当我进一步了解到，戴伟是犹豫着时间的消耗后，我又改口了："我告诉你的，是理性和正常的选择。而我自己的行动是，一秒都不要耽误，只做自己喜欢做的事，肯定饿不死人的。原本我对哈佛没有任何感受，直到2016年秋的一天，无意中看见哈佛招生委员会主任说的一段话,她说:'我们正在寻找一个能够将他与其他数千名申请者区别开来的人。我们不需要十全十美、完满无缺的学生,而需要一个有抱负、能够脚踏实地用他们的人生来全力完成一件伟大事情的人。'这是哈佛给我留下的第一印象。戴伟,你就是哈佛人。"

来到小镇的第二天,戴伟悄悄度过了他30岁的生日。

3. 人类同梦

阿丽达居住的小镇,雪山环绕,林中小鹿会跑进住处的院子里。在这样的地方谈起任何话题,似乎都有一些不真实的感觉。

住处美得近乎幻想,阿丽达的研究也特别关注幻想领域。她给我两篇重要的发言稿,一篇是《幻想与梦想:儿童思维的跨学科研究》,另一篇是《小学想象力培养的重要性》。她的观点,直指当下中国教育的痛点:

"想象力的培养对处在人脑快速发育时期的低年级儿童来说尤为重要。在过去的20年里,美国政府进行了许多基于事实性知识的考试,我们的教师也有根据地提出了这种测试严重的局限性。中国现阶段教育给我的印象也是测试和评估浅层次的一种知识——事实知识、事实知识、还是事实知识。值得庆幸的是,美国的教育观念和态度正在改变。最新运用的教学方法确实是创造性思维教育多于机械性记忆教育。"

阿丽达的人生,也像幻想小说中的故事——她是犹太人,原来住在俄罗斯,在第二次世界大战期间,她的祖辈转道荷兰,坐船到了美国。刚刚到美国时,条件非常艰苦。全家人努力工作,勤奋学习,最终过上了幸福的生活。

戴伟说,阿丽达的故事就是典型的美国梦的故事。

是的,这就像做梦,这是美国梦。一切都很美好,是那么真实。

我也笑嘻嘻地对戴伟和阿丽达说:"那么,我的故事,我和伙伴们的故事,就是中国梦的故事啊。"

如我此前所期待的,在见到阿丽达之前,我准备了新的故事。

比如,安徽省青阳县10岁的王可欣,第一次说写作文十几分钟没有说出一个字,按照《童喜喜说写手账》训练,坚持70多天后,说写一篇作文只需要3分钟左右……

比如,海南的库亚鸽老师新接的初一全班54人,27人语文不及格,十几人作文交白卷。开展一个学期的说写课程之后，期末语文考试，满分120分，全班平均分达到92.31分，每个孩子都嫌作文试卷格子少……

比如，实证研究专家、美国叶仁敏博士带队进行的第一轮研究完成，发现说写课程的确效果明显，严谨得可爱的叶老先生竟用"极其显著差异"来描述……

临别的那一晚，我对阿丽达和戴伟说："其实，美国梦、中国梦，归根结底，可以统称为人类的梦——作为人，我们所渴望的幸福，都是一样的。"他俩都表示赞同。

美国小镇上的生活，让我亲身体验了什么叫幸福。到小镇的第二天上午10：52，我非常强烈地涌出一个念头——我应该再开一门公益网课，题目就叫"教师幸福课"。

因为我再一次确定，幸福不仅需要条件，更是一种能力。在物质生活基本有所保障时，精神世界的丰富，决定了我们的生活幸福度。有幸福感的老师，才能培养出有幸福能力的孩子，才能共同创造幸福的未来。

幸福必须在日常生活的一粥一饭中，得以传播。再浩瀚再广博的爱，只能在爱一个又一个人中具体实现。就像我刚到美国的第一天早晨，信手写的那首小诗一样——

《你才是我的祖国呀》

爱人，才是我的祖国，
是我血中的血，灵魂深处的灵魂。
我的祖国不是一块土地，
更不是人世棋局的名利纷纭。

我从每一片破碎的镜子看到自己，
为了我总会悲泣：过饱的大餐，鞋里的沙粒……
爱人，是我幸福的不竭源泉。
自洪荒中传来的回响：爱人，爱世人。

（2018年4月）

把你的美好在我生命中活下去

追根溯源，惊涛骇浪最初起于一朵水花，万事之初不过懵懂一念而已。

2013年10月，国庆长假刚过，我突然有了一个念头——我要走进100所乡村学校，推动阅读。

那时，我已经专职做了近两年教育义工，组建的新教育萤火虫义工团队汇聚着全国300余位义工，每个月都有数十场的公益活动在全国各地、线上线下召开。一般的公益活动我都觉得不够好玩儿。

我希望我能够亲自组织一场不一样的公益活动。我把它命名为"新孩子乡村阅读公益行"：遴选100所乡村小学，由我亲自为教师与父母开展免费阅读讲座，由新教育萤火虫义工团队提供最短3年的跟踪服务，进行持续推动，以求在乡村形成一些切实的改变。

我希望这是一个以阅读为抓手、以智慧碰撞为目标的教育行动，而不是仅仅以情感、爱心为特征的短期行为。

回头来看，这完全是一个幼稚而狂妄的想法。但在当时我不仅信心百倍，而且我一说出这个想法，就得到了诸多师友的大力支持。

尤其是二十一世纪出版社时任社长张秋林。他不仅立即承诺由出版社承担我此行的所有费用，而且，出版社将为每一所学校捐赠10万元码洋、100所学校共计1000万元码洋的优质童书。

我十分惊喜，同时也压力突增。那时我才意识到：这件事很好玩儿，但已经不仅仅是一件好玩儿的事。

在支持我的师友中有几位是媒体人：《教师博览》杂志的方心田老师，第一时间决定为这项活动大开绿灯，提供一切能够提供的帮助；中国网教育频道的冯竹老师，第一时间决定为这项活动制作专题，进行全面全程跟踪报道；还有《读写月报　新教育》

杂志的李玉龙老师、许薇老师，以及——熊辉老师。

《读写月报 新教育》杂志刊登了"新孩子乡村阅读公益行"活动招募乡村学校的广告，熊辉老师作为杂志社的编辑，在得知这项活动的第一时间里，就推荐了他曾经支教的学校——四川泸沽湖达祖小学。

2014年6月1日，"新孩子乡村阅读公益行"在北京新教育实验学校召开了启动仪式；6月10日，达祖小学提交了申请表；6月23日，熊辉就给我发来了短信——

"喜喜，你好。我是《读写月报 新教育》的熊辉。推荐泸沽湖达祖小学参加'新孩子乡村阅读公益行'，学校已经把报名表发过去了。请问什么时候可以知道申请结果呢？"

"熊老师好！月底会有首批名单公布。到时候我联系你。你大力推荐的学校，应该没问题的。而且，谢谢你的信任！我们一起努力！"

"好的。谢谢！一起努力，一起努力！"

看着一条短信里的两个"一起努力"，熊辉急切又开心的模样在我脑海里跃然而出，我忍不住哈哈大笑。

其实，熊辉不知道，当时的活动是"启而不动"。因为我参加的一个教育研究项目当时正值攻坚阶段，我正在每天为此疯狂地读书、写作。没写完之前只盼写完，写完之后又是一遍又一遍地推翻重写，一点又一点地修订细节。毫不夸张地说，写下的每一个字，都不敢含糊，就像齿轮紧密咬合着，靠每一个字一点点往前推进。以至于我常常觉得脑子在发出咯吱咯吱的声音。在这种情况下，"新孩子乡村阅读公益行"推迟到开学后的9月2日，才正式开始。

当然，熊辉也不知道，我说的"应该没问题"只是一句托辞。仅凭是他推荐这一点，仅凭他留给我的美好印象，最起码我这一票就绝对会投给他。

我和熊辉的相识，是2011年夏天。

那个夏天，是我从文学迈向教育的一个转折点，其间发生了一连串的事情。其中的一件，就是我参加了《读写月报 新教育》杂志社在无锡举办的第5期"第一线全国教师高级研修班"。本来我是一个纯粹蹭课的学员，因为有天晚上的座谈嘉宾童蓓蓓因故推迟1小时到达，李玉龙老师"命令"我和大家座谈，正所谓："李逵"童蓓蓓缺席，"李鬼"童喜喜救场。

那一次题为《童言无忌——乱谈儿童与阅读》的座谈，是我人生中第一次使用PPT。在场的老师们听完之后纷纷对我表示赞许，极大地鼓舞了我。不过，座谈结束之后，只有一个人对我说了这样的话："喜喜，你好，我是打鱼郎，请问那天在无锡晚上沙龙放的一个外国小男孩唱的歌是什么名字呀？谢谢。"

打鱼郎就是熊辉的网名。大眼睛，椭圆的脸，沉默寡言，目光和善，脾气很好的样子。他在研修班里承担着幕后的诸多杂务，尤其是处理电脑网络方面的事务。

熊辉向我询问这首歌时，已经是2011年的8月31日，距离我座谈的7月16日，过去了半个月之久，他居然久久未能忘怀。我怀着歌逢知己的快慰，立刻告诉他，歌名叫 Tell me why。

Tell me why 是被誉为"终生难得一见的歌唱奇才"英国男孩迪克兰·加尔布雷斯（Declan Galbraith）所唱的第一首歌。这位10岁的小小少年用高亢空灵、有如天籁的声音，发出直抵人心的追问：

> 告诉我为什么——
> 每天我都在扪心自问，
> 作为一个人我该做些什么？
> 我是不是要站起来抗争，向所有人证明我的价值，
> 而这是不是意味着我的一生就将耗费在这满是战争的世界？
> 告诉我为什么——
> 真的只能是这样吗？
> 告诉我为什么——
> 是不是我错过了什么？
> 告诉我为什么——
> 我实在是无法理解，
> 有那么多需要帮助的人，
> 我们却不伸出援手！
> ……

有时候，我真的不知道心灵的交流应该如何计算。甚至，在这个越来越匆促忙碌的人世间，我们依靠什么来进行心灵的交流呢？

所以，这样的时候，我想我不能自称为熊辉的朋友。因为，我对他的了解实在有限。

可就像我和熊辉同样对这首 Tell me why 念念不忘一样，有时候我又觉得，或许，人与人之间的了解，从有限到无限，只在一念。

尤其在这网络时代。我们不用了解身在何处、工资几何，我们甚至不必对事物追寻相同的答案，而只需要同样聆听着"作为一个人我该做些什么"的自我叩问，在这澎湃的音乐之河中，沉醉在这爱与美的作品中，忘却生之短暂与虚无。

然后，被鼓舞着，再去创造着新的爱与美。

我不知道，Tell me why 的歌声在熊辉的生命中响起过多少次。

其后几年间，我因为投身教育，和熊辉也因为我俩共同的老大——《读写月报 新教育》执行主编李玉龙老师，而有过多次见面。

我知道我和熊辉还有一个相同点——我们都曾经支教。只是，我来去匆匆，一般情况下都处于累得半死的状态，能不说话就不说话；他安静内敛，更是习惯以沉默和微笑面对这个世界。何况我此前的支教纯属玩耍，以老师的名义带着孩子玩耍，也就从来不好意思向人提及。所以，我和他堪称典型的君子之交。

直到"新孩子乡村阅读公益行"，这个淡然的君子顷刻间成了急切的孩子，一再与我、与项目组的其他同仁联系，询问近况。

2014年9月8日，熊辉又以他"打鱼郎"的网名，出现在我的微博私信里："喜喜，你好。我是《读写月报 新教育》的熊辉。请问泸沽湖达祖小学入选第一批50所乡村学校的名单了吗？如果入选，会安排什么时候到学校？谢谢。"

当时，我正利用第一批4所公益行学校结束后的中秋假期，紧急规划活动中的诸多问题。胆大包天的我，此前其实根本没有筹备此类活动的经验，完全是借着万能的义工团队撑腰，边干边学。

我赶紧回答他："已入选。时间尚未确定。担心太冷不能成行，准备是在10月。

你有什么建议？"

熊辉回答了我。他不仅回答了我，还说出了可能我一生都无法忘怀的一句话："谢谢喜喜的关注和支持！那我先告诉校方这个好消息。10月好。不算太冷，而且风景最美。金黄的、火红的树叶在深蓝的湖面上燃烧。"

金黄的、火红的树叶在深蓝的湖面上燃烧——这画面，多么美！

我再一次想起那个向我要 Tell me why 的青年——这一切，多么美！

熊辉当然不知道，我早在同年8月2日，就已经特别邀请摄影师薛晓哲做好准备，一起到这所湖畔的学校，这是我唯一邀请了摄影师去拍摄的学校。

听到熊辉的描述后，我对泸沽湖畔的这场公益行更是格外期待。

当然，在去往我格外期待的学校之前，我还是得按照计划继续这场周游全国的行走。

同年9月15日，"新孩子乡村阅读公益行"到达山东。那天上午，我在滨州市邹平县韩店镇中心小学做完讲座，中午赶往淄博。那天下午，我在淄博市临淄区皇城镇中心小学做完讲座，晚上要赶往莱芜。

前来接我的莱芜吐丝口小学罗主任告诉我，路程比较远，路况也一般。所以，讲座一结束，我们一行三人都没有吃晚饭就向莱芜赶去。

沉沉暮色中，汽车疾驰在淄博至莱芜的路上。趴在车后座上的我，突然坐直了身子——我看到了一则微博。

"《读写月报 新教育》杂志编辑熊辉去都江堰漂流失联。9月13号10点最后一次跟家人通电话，说'不去危险地方，就在柏条河'。和朋友顾晓勇两人自带充气皮划艇。已和都江堰警方联系搜寻，至今尚无进展。请帮忙多多转发，有消息及时联系……"

我痛恨泪水。泪水是最无用的一种东西。无论为自己，还是对他人。

我更恨自己，甚至为此厌恶自己。我恨泪水成为生理的直接反应，理性开始来不及干预、其后无法干预。

我不愿回忆从暮色走进夜色的那一路。那一路，车窗外一闪即逝的事物都在泪光里变形。死神如影随形。我难过，可又不知如何才好。

金黄的、火红的树叶，在深蓝的湖面上燃烧……

不去危险地方，就在柏条河……

漂流失联……

此时此刻，我无论看向哪里，泪水里浮现的都是同一个画面——椭圆的脸庞非常平静。嘴角微微上扬，甚至有一点微笑的样子。只有那双眼睛，紧紧闭上了。

我怎么能够相信？

我忍不住给熊辉的同事、和我交往更多的许薇姑娘打去了电话。电话两端，我和她开始都装出了十分镇定的声音。她确认了这个消息。当我们都有些哽咽时，我们都及时挂断了电话。

副驾驶座上的罗主任侧身，发现了我在流泪，赶紧转过身，礼貌地假装没看见。后来，见我一直哭个不停，这才回头问我。

我平静了一下，说："一个很好的朋友在漂流中失联了。"

说到"失联"，我的嗓子又哽住了。

我恨"失联"二字。这个词，是一个令我极度厌恶又无奈的怪兽，在马航失联的新闻中，就不动声色地一再伤过我。当我和亿万人一样满怀希望地期待，最后得知飞机确定坠落到南印度洋的那一刻，我的脑海里浮现的是一幅画面：万里海底下，人们静静躺着，身边海草摇曳，恍若无事。那时的我悲从中来，写下这样的句子——

  据说
  希望终结于
  南印度洋
  现在那海底
  正有什么
  生长？

罗主任安慰我，现在科技这么发达，你的朋友肯定能够找到。

一句再无力的语言，也能够安慰一个更无力的人。

我被安慰了。

尽管当天晚上到达宾馆后，我做好一切工作的准备，却在房间里转来转去，心神恍惚，直到深夜什么工作也都没做。

尽管第二天早晨照常是5点多醒来，我仍然无法投入工作，只是在举办讲座之前再次转发了寻找熊辉的微博。

可我还是真切地被安慰了。

我按照计划，于9月16日上午8:30～11:40，走进公益行第13所学校莱芜市莱城区口镇吐丝口小学，顺利做完讲座。在我用微博发布这则消息之后，又立即转发寻找熊辉的微博。

我几乎是高兴地想：我每做一场讲座，就发布一则消息，就同时转发寻找熊辉的微博，熊辉肯定会回来的。等熊辉回来了，那时，我就要对他嚷嚷："喂！你知不知道你有多吓人！"

我的微博发得匆忙。直到吃完午饭，在等待诸城市教育局来接我走进新的公益行学校的间隙里，我被老师们送到一间有沙发的教室里午睡，这时，我才打开了微博查看。

就看到了我不愿看见的信息。

讣　告

熊辉，生于1984年，2009年毕业于西昌学院中文系师范专业，2009年在2011年在四川省凉山州盐源县泸沽湖达祖小学支教，因常泛舟湖上，打鱼为乐，自号"打鱼郎"。2011年至今担任《读写月报·新教育》杂志编辑。

他热爱生活，热爱各种美的事物，喜欢探险。2014年9月13日，熊辉在四川省都江堰柏条河漂流时遇难，享年30岁。

他勤奋好学，激情澎湃，才华横溢，又极富公益情怀，对事情总有自己独到的见解，凡事包容，凡事相信，凡事盼望，凡事忍耐。

我们将长久地谈论他为了让这个世界变得更好所做的一切努力，深切缅怀他的美德嘉行。

与熊辉家人协商后，我们将熊辉的追悼会定于2014年9月17日上午10时，在成都市外北蜀陵路成都市殡仪馆举行，望各位亲友届时参加。

谨此讣告。

《读写月报·新教育》杂志编辑部

2014年9月16日

其实，人世间之所以有那么多虚假，只是因为人们远远不像自以为的那样热爱真相。

真、善、美，每一种，都是片面的。真相往往并不善，也不美。

只有勇敢者，才会热爱真相。

我一直是个勇敢的人。我的最大特质是勇敢。勇敢是我最大的缺点，也是最大的优点。

但是，在那个中午，我不爱真相。

我已经不能够清楚记得，那个中午我做了些什么。

那个中午，只剩下一些碎片式的记忆。一会儿愤怒，一会儿悲伤。愤怒时恨不能撕碎一切地哑着嗓子叫喊。悲伤时扑到沙发上号啕到无力哭出声音，冷热交替一般。

那个中午，我哆哆嗦嗦地打过好几个电话。对有的人我冷静温和有礼，对有的人我吼叫得声嘶力竭。这和对方是谁、和电话内容无关，我的状态只是出自我当时的感觉是冷、是热。

后来，来接我的诸城市教育局的王元磊主任到了。吐丝口小学的刘主任上来告知我。我说，等一会儿。

我继续一个人缩在屋子里，不知如何安顿自己。

除了那则讣告之外，微博上还发布了熊辉于2010年9月发表的文章《打鱼者说》。我把文中那句"那半年里，我实践了自己的诺言，用心去做每一件事，而这些事反过来又改变了我"摘了出来，以此劝慰勉励自己。

但是，这些自我治疗毫无用处。痛苦如此剧烈。心里痛，痛得口中发苦，苦不堪言。我被抛在绝望的虚空里。

最后拯救我的还是熊辉的文章。挂断所有电话，断了通向外界的求助，我一遍又一遍地读熊辉的文章。

时间一分一秒地流逝。在反复阅读的过程中，我终于成功地把注意力转移到熊辉的经历上。我的脑海里终于不再是那个闭上了眼睛的熊辉，而是文章配图中那个眉飞色舞、顽皮淘气的样子。

当我走出门时，发现刘主任一直默默地站在门外的走廊尽头处等我。我心中愧疚无比。迅速洗过脸，走到王元磊主任面前。

王元磊主任是诸城市新教育实验区的联络人，是一位勤勉踏实的教育人，也是我信任的一位朴实憨厚的兄长。我握了握他的手，说："真对不起，有点事。"

刚一开口，我的眼泪又不由自主地流了下来……

那天我整整拖延了两个小时，导致到达诸城后，原计划中的听课只得取消。在我无法停止哭泣的时候，在我坠入痛苦的深渊无法自拔的时刻，我不断追问自己：为什么我会这么痛苦？为什么？

结果我发现，这恐怕不是源自爱，而是源于自私。

前几天走到洛阳时，有老师郑重地问我："是什么支持着你做这么伟大的事？"

当时我愣了半天，说："没有什么伟大的事啊。我只是做了一点小事之后，碰到了一些有趣的人，很好的人。你们只看见我，其实我背后有很多人。我觉得跟这些人在一起还挺不错，很好玩儿。玩什么呢？就一起做一点事呗。就这样一直走下来了。"

我没有告诉那位老师，正如同"新孩子乡村阅读公益行"一样，在真正开始之后，远比我想象得辛苦。辛苦得多。

原计划365天走进100所学校，平均3天多一所学校，结果真正联络才发现，活动在寒暑假期间不能安排，国家法定节日休息期间不能安排，甚至寒冷时也不能安排——因为在乡村的讲座基本在室外，听众不可能在寒冷中静坐90分钟。这样导致时间大幅度压缩，我的行程也变得紧张至极，距离近的学校，一天跑3个城市做2场讲座；距离远的学校，一天一个来回，坐车10个小时以上。除此之外，还有给每所学校写下千字记录的自我要求，还有其他事务得继续处理，而且不乏种种我最为厌倦、却又只能叮嘱自己眼不见为净的无聊争端……这样的透支在日复一日地积累。甚至，我突然发现，我给乡村教师赠送我写的阅读指导手册《喜阅读出好孩子——中国孩子的阅读问题》一书，产生了极为良好的效果，读者好评如潮。更关键的是，相对于我开展公益讲座的付出，我捐书所消耗的精力几乎可以忽略不计。这让我怀疑自己的决定，"我这是何苦"的疑问时常偷偷泛起。

发现自己有这种想法后，我几乎每天都会默默鼓励自己：不想得失，不想意义价值，把公益行作为承诺的一件事，老老实实、认认真真地完成。

是的，我终于精明地计算出，在这样的征途中，我一路都是付出、付出再付出。能够一路上与自己想见的人短暂欢聚，是此行给我个人的最大酬报。

熊辉承诺的那一句美好，自然是其中的点睛之笔。

结果公益行刚刚开始，我得到的是熊辉的死亡。

这是公益行征途中无可挽回的一部分损毁，同时，更是我的某一部分的死亡。

"没有人是与世隔绝的孤岛；每个人都是大地的一部分；如果海流冲走一团泥土，大陆就失去了一块，如同失去一个海岬，如同朋友或自己失去家园；任何人的死都让我受损，因为我与人类息息相关；因此，别去打听丧钟声为谁而鸣，它为你而鸣。"

我喜欢这段多恩的布道文，熟记于心。尤其在愤懑的时刻，常常以此提醒自己冷静、珍惜。

可这一次，不必提醒。如兄弟如手足的真切失去。丧钟，为我而鸣。

所以，在这样无法自控的痛苦中，我最后的痊愈完全因为偶然。但我还是一直相信，最后是天启，是熊辉在冥冥中留给我那段话、一首诗。

坐在莱芜开往诸城的汽车上，我发现了那首诗。我一读再读，热泪盈眶。

反复读着那首诗，越读，越静。我就想，我一定要写下一篇文章，记录这一切。有了这个念头后，我开始在心里想我此时写下的这篇文章，想了一遍，又一遍，越想，越静。

在这样的安静里，讣告里的一句话，慢慢浮现了出来："我们将长久地谈论他为了让这个世界变得更好所做的一切努力，深切缅怀他的美德嘉行。"

当天 17∶00，我到达诸城市密州路小学。李松芹老师和她班上的小学六年级的孩子，都在等我。

我个人走上写作的道路，完全得益于小学时期受到的口头作文训练。当我走上教育公益之路后，我决心要开展口头作文项目的研究，让更多像我一样的平民百姓家的孩子受益。无独有偶，李老师已经在她的教室里开展了几年的口头作文探索。这一次，我本是专程为听课、研讨而来的。

但时间已经晚了，不可能再上口头作文课。想了想，我用 20 分钟的时间，给孩子们讲了一个漫长的故事。

我说，有一个叫熊辉的大哥哥，是一个非常讨厌语文的学生，他说，语文就是"在毫无生气、一潭死水、墓穴一般的课堂上，刽子手们将一篇篇美文凌迟处死，五马分尸般地分成若干段，使其彻底变成一堆没有一点生命气息的词句。最后，还要机械死板、捕风捉影、牵强附会地贴上'中心思想''段落大意''全文主旨'的标签。屠夫们挥舞着手中的教棒，无比神圣权威地望着下面可怜的花朵，大声呵斥道：'吞下去！'我们这些花朵早就等不及了，拼命地往嘴里塞这些'养料'，因为会有永无休止的考试来决定我们的命运，尽管噎得直恶心，想吐。"

孩子们乐得前仰后合。

我也微笑着，继续说。

后来有一天，熊辉哥哥突然发现"语文的本来面目是可爱的，是有趣的，是美的，只是被败坏了，糟蹋了"，于是，他不仅自己转到了中文专业，而且毕业后还当上了一名老师。

我给孩子们讲了熊辉如何和"垃圾班"的男生打架的故事，讲那个男生是怎样和熊辉最后成为好朋友的。

然后我问孩子们，你们觉得自己是公主、王子吗？

有的孩子举手认为自己是。有的孩子举手认为自己不是。有的孩子正在犹豫不决的思考中。

　　我说，熊辉哥哥当老师的时候，很受学生欢迎。熊辉哥哥就告诉他的学生，所有的男生和女生，都是公主和王子。因为，公主和王子，"有一种自信、自爱、自尊、自强的高贵精神品质和可爱、爱人的人格魅力"。公主和王子，"有坚强的意志，有不可侵犯的人格尊严，有开放包容的博大心胸，有仁爱、善良的美丽心灵。任性、自私、霸道、蛮横、冷漠，此乃恶少，绝非公主、王子"，公主和王子"有两种，一是物质上的……锦衣玉食、荣华富贵；二是精神上……气质高贵、人格伟大"。

　　我一字一句地正色读着熊辉对公主和王子所下的定义，教室里鸦雀无声。在一片寂静中，我想到了王子熊辉，心里一阵难过。

　　我再次问孩子们："你觉得你是公主或者王子吗？"

　　这一次，没等孩子们回答，我紧接着说，在你心中，一定有这样的一个公主或者王子，给你时间，你就一定能够做到。之所以给你们讲熊辉哥哥的故事，是想提醒你们一件事情——尽管你们还小。但这件事情，多小，也不小；多大，也不大……

　　停顿了好一会儿，我轻声说，因为熊辉哥哥，就在前天去世了。他因为出去探险，不幸发生意外。所以，我要提醒你们的这件事情是——珍惜时间。熊辉哥哥走得很仓促，只有30岁。对你们来说，30岁已经很老很老了，对不对？我有一个好朋友，他就曾经对我说，从来没有想过自己要在30岁之后还活下去。亲爱的王子和公主们，我也不知道该怎样才能表达我的感情。因为今天知道了熊辉哥哥的这个消息，所以，我来晚了，所以，今天的口头作文课要到18号上午我再来听，再来和你们一起向李老师学习。作文是什么呢？作文，就是做人。你怎么做，你就写出怎样的文章。尽管熊辉哥哥去世了，但我刚才给大家讲的这些故事、念过的这些话，就来自他写过的一篇文章《打鱼者说》。我特别跟大家分享这段故事，有两个原因。第一，因为今天对我来说是一个很特殊的日子。熊辉哥哥是一个非常好的人，他是一个特别善良、非常智慧、懂得忍耐、懂得乐观、懂得盼望、懂得努力的人。我是他的朋友，对于我来说接下去最重要的事情，就是把他的这些美好的特质，在我的生命之中更好地活下去。第二，对我们每个人来说，一生看起来十分漫长，又非常短暂。不信，你回忆一下自己刚刚读小学一年级时，我们不是还男生女生牵着手满校园乱跑吗？现在就不一样了，而你们的小学生活转眼就要过完了。我要特别祝愿大家，珍惜时间，好好珍惜时间。希望你们好好运用口头作文的办法，给自己定一个口头作文的训练计划，把自己的写作能力锻炼出来、提升上去，然后，把你的心声传出去，让更多人知道你的故事。我特别希望你们每个人都健健康康、平平安安，创造并拥有一个完整幸福的人生。

我微笑着，说完了这些话。

同年9月17日上午10：00，熊辉的追悼会在四川成都举行，新父母研究所时任副所长李西西代表我们新教育萤火虫团队参加了追悼会。

那时那刻，我在千里之外的山东诸城，为昌城小学做公益行讲座。在讲座现场，我谈到日本对阅读和教育问题的重视时，向听众念出了年仅21岁的熊辉在2005年的抵制日货风潮里写下的短文，念出第一句"我们要做的不仅仅是'抵制日货'。别人弱了，并不等于我们变强大了"，全场听众肃然。

其实，那场讲座我特别希望自己能够超水平发挥，作为对熊辉的纪念。可是，结果恰恰相反。换了以前的类似情况，一定会影响我的情绪。但那一天，"凡事包容，凡事相信，凡事盼望，凡事忍耐"，我当天下午的讲座就恢复到了一贯的良好状态。

当晚，我留下了这样的记录：今天上午心神恍惚，讲出"新孩子乡村阅读公益行"迄今最凌乱的一次报告。虽然诸城市教育局王德主任全场听完十分认可，和我紧急协商改变行程，明天下午加一场为全市中小学校长、教研室及教科室主任等600余人做阅读报告，但还是很惭愧。每一场都要全力以赴，就像讲人生的最后一场，不留遗憾。

这一切，要感谢你——熊辉。感谢你让我在惶恐惊惧的苦痛中，看到了这首诗——美国诗人汉娜　甘博的《大多数人都不肯要》（光诸译）。

> 我想大多数人都不懂我，
> 他们说："忘掉它，
> 找一片新鲜的青草地躺下。"
> 这确是被保佑的平静时刻，
> 但我想的是另一番场景：

我必须承认，有时候，
我只想被安放在河底，
一条让人毫无印象的河流的底部。
我可以看所有的树叶和木棍漂过头顶，
没有一个会烦扰到我，
因为它们都游泳在，
一条更加令人印象深刻的河流中。

水不是太凉。
它不像处在死亡之中。
也不像老人，
或者胎儿。

我来到谦卑的水中躺下，
我出门就是为了做这件事。
除此之外，
我不必告诉你更多。

躺到那片谦卑的水中，再没有任何烦扰。熊辉兄弟，既然你已经出门做了这件事，我们就应该听命于你的决定，也不再烦扰你。

我在这里。那么，我就应该在大地之上继续奔走。认认真真走下去，珍惜这穿过100座乡村学校的经历，珍惜所遭遇的一切。即使是噩运，"凡事包容，凡事相信，凡事盼望，凡事忍耐"。

亲爱的兄弟，从生命的破损处骤然涌进的无尽哀伤，在你的指点下已化为无穷的力量。在即将到来的10月，我会代你去看那金黄的、火红的树叶在深蓝的湖面上燃烧。

我希望我更冷静，更坚强，更勇敢，把你的美好在我生命中活下去，直到再相见。

（2014年9月23日）

发表于《读写月报·新教育》杂志2014年11月刊

二　北川三忆

2008年汶川地震,让中国人有了一次集体的自我反思。那也是一场心灵的地震。从此,这一年,也被称为中国的公益元年。

物质的重建已不容易,心灵的新生更加艰难。

所以,我眼中的教育,从来不仅仅是校园里的事。我把一切心灵的自我救赎,都称为自我教育。

朝向北川追问

大家都说 2008 年大事多。回头想想,我的那一年也经历了几件大事。

第一件,是由我当时的编辑薛晓哲操持着,借"嘭嘭嘭"系列推出之际,举办了我的第一场作品研讨会。

第二件,是我被国家奥组委指派到咸阳,成为当地第 61 棒的奥运火炬手。

第三件,就是去北川。

2008 年 7 月 28 日,我在新浪建了第一个博客,就是为了准备去北川。当天的 20∶42 发出了第一篇博文,说的正是我第一次去北川。

第一次,我在北川待的时间最长。

说干就干,第二天就出发!

忍无可忍。车次都没查,就冲去买票。

买晚些天的票就有卧铺,可实在不想再拖下去了。不马上动身,说不定又会冒出什么事,又不能走……历史的经验告诉我们,想一切准备妥当再成行的富和尚没到南海,而端着空碗的穷和尚到了。

因此,我买到的是第二天下午的火车票,硬座。

没事。在空调房里坐 20 个小时而已。想当年,我还连续坐过 48 小时的绿皮车!

终于可以去了!

我知道我没有能力,去了也根本做不了什么,可我还是想去。那分明遥远却让我痛哭过的土地,那分明陌生却仿佛早已熟悉的人们。我知道国殇中万众齐心光辉灿烂接近于神的一刻,已经过去,越来越远。我知道正在慢慢从灾难中复苏的汶川,正开始重建的汶川,必将渐渐开始利益与争夺共生,良知与贪婪厮杀,貌似安谧祥和,实则正从肉体的炼狱悄然变为灵魂的战场。可这样的汶川,才是社会的横切面。

买票回来，这才到网上查相关资料，确定此行路线。在汶川的重建选址问题上，争论在继续热烈进行。可叹的是，热烈加入的不是专家，而是我等这般空有满腔热情、缺乏专业知识的人。又说，汶川若重建选址，最大可能是都江堰玉堂镇。我搜索玉堂镇的情况，看到的却是这则"都江堰玉堂镇百株猕猴桃一夜间被腰斩"的新闻——

都江堰市玉堂镇凤歧村的饶大爷家，上百株果树的树干从根部被整齐地锯断。而从1988年起快20年里，全家全部依赖着这上百株果树养家糊口。都江堰红心猕猴桃本来就以色泽鲜美、肉质鲜嫩而闻名国内外，往年市场同期零售价格都达到每斤15～20元，自从都江堰猕猴桃成功入选"奥运推荐果品"后更是身价倍增。可如今除了饶大爷一家102株红心猕猴桃树被恶意"扼杀"外，还有多户人家共50余株猕猴桃树受到"牵连"。从果树的锯痕来看，明显是故意而为，整个村里都人心惶惶。"应该是熟人作案，才会这么'识货'地专挑红心猕猴桃树砍。""饶大爷一家老老实实，从未与人结仇，砍掉他家的果树，摆明了是看不顺眼他家里的果子长得好。""果子要下个月才能下树，现在砍了对自己也没好处，可能就是嫉妒心理作怪吧。"闻讯而来的村民们看见饶大爷一家的惨状，议论纷纷。

对这个新闻，我一点也不吃惊。

一点没错，就是这样。一夜之间，血库全满、献血队伍排成长龙的，是我的手足，我的同胞。一夜之间，砍断果树，哪怕不利己也要去损人的，也是我的同胞，我的手足。他们其实是个整体，就如同我自身的光明与黑暗，就如同这个生机勃勃的世界，善恶交织，美丑混沌，匆匆向前。

如果不是有文字记录，许多细节，都已经完全忘记了。

在当年的北川行博文中，我竟然还找到了这样的句子："所谓空谈者永远口若悬河，而行动者则大多沉默。可耻的是，空谈者，可能是作者的代名词。"前几天朋友说我这些年就一直没变过，可怜我还振振有词地反驳自己一直改变一直成长，没想到这种践行的执念，早有记录。

当然还有一些事情，哪怕从未记录，也永远不会忘记。

比如，我因为自己贸然闯去，反而认识了一位叫傅寒的热心朋友。他对灾区情况非常熟悉，已经组织很多人进行了救援，于是我才顺利地进入灾区。

比如，我自己也已经完成了准备把稿费捐给灾区人民的一部书稿，算是完成了自己的心理建设，根本没带多少钱就跑到灾区。一到了灾区才发现，具体到不同地区的灾民，所处的困境各不相同。我遇到的擂鼓镇灾民还住在帐篷里。

我和同去的伙伴们立刻一起捐款，跑到市场上又挑又买又送，送去了67张床。返回后，又在网上杀熟，找网友捐款准备再买82张床。

那次募捐的经验，对于生活在暖房的我来说，是一次特别震撼的经历。

我第一次明白了，别人的钱放到自己手上，是非常、非常、非常沉重的事——在物质上是一笔财富，对自己是一份信任，对世界是一颗爱心。它远远超出了一笔钱本身。

那一次募捐行动，因为灾民们没过几天就得到了政府的妥善安顿，很快就截止了。我赶紧把没有花出去的钱退还给了大家。还有流火、白轮船、姜若华、覃萌、朱效文五位朋友不肯要我退款，要我另外找需要帮助的灾民，我就帮他们捐给了现安县沸水镇的一个患有眼疾的孩子治病。

同时，我也第一次明白了：在有的人眼里，他们哪怕是真的想帮助对方，也不会愿意捐款给你，他们认为让你拿钱去做事，是让你占了便宜，在人前风光了。

后来的这些年里，我的心理上一直无法把自己视为公益人，根本原因就是，我根本不愿意接受别人的捐款。这种钱，花起来压力实在太大。我在教育之路上之所以会走到今天，其中一大原因，是因为被迫接受了华严集团的徐锋先生的善款，我生怕辜负，拼命扑腾，结果把我原本用稿费做的小小种子计划，被迫变成一件大工程，其他项目也跟着水涨船高。

当然，当时的我还没有体会到，自己赚钱、自己捐款、自己去做善事，也一样会挨骂，比如就连扎克伯格夫妇承诺有生之年把其所持有的99%的Facebook股份捐出，也被人指称背后是"原来如此，名利双收"。

人性之幽微，真是难以言喻。

我更深刻的体会是，事情发生在自己身上，和从文字中读到，感受是截然不同的。

比如，当我从新闻上看见的事情，就可以从容冷静，可以分析得头头是道，写得洋洋洒洒。可是，当我在募捐的过程中发现一点人性的复杂，就会"秒变"白痴，多年后的今天还能回想起那种错愕无语。

纸上得来终觉浅，绝知此事要躬行。

躬行，说易行难。

更难还在于：靡不有初，鲜克有终。

所以，一度让我恨得牙痒痒的他人说教，如今成为我告诫自己的格言——一切问题都是自己有问题。

所以，尽管我知道，每个人的人生都有一半是属于自己无能为力的外在。但我还是决定，把这外在的一半也视为自己应该担负的责任承担起来。

第一次抵达北川，我踩过北川废墟上让人绝望的瓦砾。第一次抵达北川，拍摄了无数让我心碎的景象。这一切，都因为在那第一次，在当时县城仍被封锁的禁令下，身为作家的我，可以纯粹自由地来去。

正因为这纯粹的自由，如同钻石一般镶嵌在当时北川漆黑的悲恸中，让我对人之为人，有了与平日截然不同的体察。

因自由而自律，有自律才自新。成长的真正契机，绝不仅仅是一个人与外在世界的人或事相遭遇，而永远首先来自内心迸发的力量。心见才能眼见。所以在墨子眼里，成长的规律是这样的："志不强者智不达，言不信者行不果……善无主于心者不留，行莫辩于身者不立。"

一场巨震，毁灭了很多。也让一些事物，由此新生。

2008年，让中国人骤然看见了自身的善良与力量，也在转身后就发现了自身的冷漠与荒唐。

无论如何，中国人心中从此有了一个北川。其实，是每个人心中都有着自己的北川。不同的人，不同的心，不同的眼，不同的行。形形色色，熙熙攘攘。

向着北川，朝向心中的土地，我唯一想追问的是自己：该怎样去躬行，我才能筑好这灵魂的家园？

（2017年4月16日）

新北川的心灵试炼

没想到，我会这样重返，北川。

2012年4月，新教育北川实验区要举办开放周活动。这一天，恰好是世界读书日。

这一天夜晚，在央视的阅读晚会上，我们敬爱的朱永新老师从时任新闻出版总署署长柳斌杰的手中接过"全民阅读代言人"的荣誉，电视上，柳署长对朱老师说："你是最合格的代言人。"

而这一天早晨，我们亲切的朱老师知道我到达北川，特意发来短信，说："问北川徐校长好！"

汶川地震后一个月，朱老师奔赴北川。据媒体报道，他也是第一个提出对灾区人民进行心理干预的学者。一年之后，他又将此想法完善为"关于设置国家级灾难心理援助中心的建议"提交两会。北川，也一直是他的惦念，他早在网络上公开宣布："我一直没有忘记我们的承诺，北川新教育实验区的建设一直在我们的视野之中。尚勇局长的遗愿我们一定帮助他实现。"

2008年4月28日，时任北川教育局局长的尚勇亲自带队，到江苏宝应的新教育基地小学考察新教育。返回后，这群人立即在北川开始了新教育实验工作的规划、部署。他们的心是如此热切，行是如此迅速——震后，新教育援助小组在废弃的乡镇小学断墙上，已经能够看到"晨诵、午读、暮省"的新教育标语……

14天后，汶川地震，尚勇局长遇难，天人永隔。

我对北川关注的开始，却与新教育无关。只是因为我来过。

地震发生时，我和编辑薛晓哲正在大庆做图书的系列宣传活动。我们和所有人一样，先是跃跃欲试，后被专家建议说服：除了所需的专业人士，一般人盲目入川，反会添乱。

就这样，我真正成行，已是 2008 年 7 月 28 日。行前完全盲目，甚至来不及等卧铺就买了火车硬座，就那么只身入川。在成都，偶然碰上一个"民间"到没有合法执照的公益组织，和组织里的几位朋友一起去了北川。也幸亏有这个不是组织的组织，否则，我恐怕只能无功而返。

我匆匆而来，匆匆离开。离开后，一直盼回北川，一直怕回北川。

2012 年 4 月 24 日，北川开放周开幕，全天活动安排在永昌小学。

我不断提醒自己：冷静。

在北川，我尤其不愿、不能泛滥情感，以免冲垮理智的堤坝。

因为，北川是当下中国的象征，具体而微。

从一片废墟里重建，巨额的拨款、浩瀚的捐赠，曾经的贫瘠而失语，其后的物质上突然富足，如今精神上是否能同步涅槃？

北川，也是一块试金石，是对国人不动声色的心灵试炼。

可是，这里是北川……

下午永昌小学的展示活动，我成为台下第一排的观众。从十几个女孩的合唱开场。我的泪水就在几秒钟后，从孩子们尚未登台前已经开始。

我细细地看着她们，从她们脸上，完全看不出丝毫演出前的紧张。她们就那么静静地站着，身躯小小，却也笔直，如松，如峰。

而我立即想到仅在数年前，这些柔软的身体，也经历过那次剧烈的震荡，这些鲜嫩的灵魂，或许迄今还留着那次的创伤……我不由得眼眶发热。孩子呵，这些花骨朵儿般的女孩儿，你们美得让人悲伤！

我蓦然想到朱老师短信中说到的徐校长——徐正富校长。

这位羌族的徐校长，有一双忧伤的眼睛，笑起来总有点羞怯似的。没有人能看出，这样一个男人，在那灾难中、在北川县曲山小学邓富强老师的笔下，有着另外一副模样：

"……就在这时我听见一个熟悉的声音在喊：'是男人的就去救学生！'原来是我

们的老校长徐正富,现在在进修校当校长。他头上用毛巾包着,脸上到处都是血,直奔教学楼……这时候大约是下午 5 点多了,我们把学生刚安排好,又看见徐校长气喘吁吁地跑了过来,叫我去救人……"

他不是媒体里的英雄,他是我们普通人的英雄。他就在我面前。他是我生命中真切遇见的英雄。

谁能描绘英雄的模样?也许,倾最伟大画手之一生,也无法办到。也许,只用照一次镜子。只有我们真正脚踏实地地行走,才能发现,这样的英雄一直在我们身边,扎根在我们这个曾经满目疮痍的土地上。

也许,我们都有机会成为这样的英雄,怀着各自生命的隐痛,卑微地生活,直到一次剧烈撞击,粉碎日益冷漠坚硬的外壳,用毛巾草草包裹伤口,在剧烈动荡的时代里奔走,永不停歇。

男人,少女,孩子……一张张脸庞叠加,在我的视线里模糊,不觉间泪水盈然,将这一切温暖。

孩子们终于进场了。孩子们唱起歌,是新教育人熟悉的那首《向着明亮那方》:

  向着明亮那方。
  向着明亮那方。
  哪怕一片叶子,
  也要向着日光洒下的方向。
  灌木丛中的小草啊……

而这样一首熟悉的歌,在北川,每一个字,都有了全新的含义。纵有千言万语,无法形容。

  向着明亮那方。
  向着明亮那方。
  哪怕烧焦了翅膀,

也要飞向灯火闪烁的方向。
　　夜里的飞虫啊！

　　歌声里，我只觉得大脑一片空白。只剩眼底波涛激荡。我痛哭流涕，完全无法自制。

　　向着明亮那方。
　　向着明亮那方。
　　哪怕只是分寸的宽敞，
　　也要向着阳光照射的方向。
　　住在都会的孩子们啊！

　　那些已永远在大地里沉睡的北川人呵，大地的孩子！你们还能看见，今日北川，已是一座洁净、雅致、不逊于任何城市的小都会吗？
　　有多久没有为陌生他者淋漓地哭过？北川，是你，北川。而这所有他者，此刻竟似成为我的一部分。因为此刻，我身在北川。
　　我们活着，蝇营狗苟，日复一日，逐渐把生命变成生存。只有在这片曾被颠覆过的土地上，那些仓促离去的同胞以最近距离、以万物提醒我们：且行，且惜！
　　我亲爱的孩子，北川的孩子。如果我也和你们一样，拥有美妙的声音，我要走上前，用最婉转坚定的嗓子，为你们歌唱——

　　向着明亮那方。
　　向着明亮那方。
　　哪怕心碎而魂伤，
　　也要奔往群星所在的方向。
　　人类的北川啊！

　　今天，共同牵手，今世，永远相伴，好吗？
　　——永昌小学何文轲校长在他的新教育实验成果汇报开头，大声问道。

回答他的，是雷鸣般的掌声，全天最热烈的掌声。

在这最终情感泛滥的北川，我清楚记得在我题为《童言无忌——也谈儿童与阅读》的报告里，最后那让我失态哽咽的一句。我说的是："这里不是别处，是北川。在北川，我们应该更明白，生命的意义。"

人生长长短短，总会历经大小震荡。每个人心中，都应该有一个北川。强烈震荡，粉碎自我，死，而后生。重生，而永生。

谨以此文献给北川。献给北川新教育人。献给大江南北与我一路相伴、给我提携指点的新教育师友。特别献给徐正富老师。

北川，我2008年溃退、2012年逃课的北川。愿我能有所能，与你相伴成长。

若生命仅如萤火，注定无法互相温暖，也要倾己全力，彼此照亮。

（2012年4月25日）

北川的生之绝望与爱

至今我三到北川。

第三次,最为特殊。

我都不知道,那是地理上的北川,还是仅属于心理上我的北川。

那是一次纯属意外的插曲。却至今激荡心弦。

2015年5月3日。

那一天,我继续我正在开展的"新孩子乡村阅读公益行"活动,为100所乡村学校进行免费讲座,已经到了第85所,目的地是四川省阿坝藏族羌族自治州金川县东方红小学。

当天凌晨4:00左右起床,5:24出发去机场,中午飞机抵达成都。从成都坐车到金川,已经是晚上21:00。

活动之前联系学校时,得知的消息说,从成都到金川,坐车需要7个小时。

我在海门碰见成都金堂县罗主任时,罗主任一听,马上说:"怎么可能?要9个小时。"

我压根儿不信。结果,还是罗主任说得公正——扣除吃饭时间,也有9个小时。

中国真大。

促成此次活动的联络人,是从成都武侯学校前往金川县支教的刘鸿川老师。

素未谋面,仅仅通过短短的电话、几次短信,刘老师对金川的那颗滚烫的心,就已经深深打动了我。

总有人无法相信,一个外来者会对一群人报以最真挚的爱。我相信,我也能看见。

就像刘鸿川老师让我的心看见的那样。

所以几次交流之后,这场金川县东方红小学的"新孩子乡村阅读公益行"活动,就结合了对金川新教育实验区的培训,扩充为一场金川县首届新教育研讨会。

所以,我约上了团队的飓风、硕果,在成都会师。

上车后,我就把飓风撵去坐副驾驶座,我趁机平躺下来,放松腰部。

躺了20分钟,刘鸿川老师上车。飓风、硕果和我,三个女人坐后排。

司机听说我们今天去金川,明天就要返回,非常不理解,抓住了副驾驶座上的飓风,苦口婆心地劝说:"年纪大了,应该抓紧时间耍喽。"

我、硕果和飓风,我们仨不约而同哈哈大笑。

快乐相似,耍法不同。在很多人眼里,游山玩水才叫耍。在我们眼里,这样天南地北聚在一起,就是最好的耍。

比如,听硕果讲她前些天疯狂赶车,当场跑坏了高跟鞋。飓风和我乐得哈哈大笑。我们团队的口号是:把你不开心的事情说出来——让我开心一下!

比如,坐车在山里绕弯时,路过一个挂着"游客中心"金字招牌的景区。就在我们经过的短短几秒里,硕果突然掏出手机,咔咔,拍下两张照片。我好奇地问她拍什么?硕果说:"牌子上写着这是红军当年旧址,拍下来留作纪念呀。"我们错愕之余,又是对硕果一番狂笑:人家出差,都拍一路如何艰难,显得工作多么不容易,你硕果倒好,把我们的疯狂赶路,都拍成是游山玩水!

晚上抵达金川时,一出汽车,气温骤降。飓风下车就赶紧加衣裳。硕果更糟,到了最后一小时车程,已经"晚节不保",被颠得晕车了。

而我呢,作为公益行第85站的我,作为经验丰富至极的行者,在这阳春5月,慢条斯理穿上了我的羽绒服,不由得吟诗两句,正可谓——沉着机灵有胆量,英明神武带衣裳!

就这样一路嘻嘻哈哈,叽叽喳喳,耍了一路。

这是一方面。

另一方面,作为一个路盲,我丝毫不知道,这条通往金川的路,会和北川有什么关系。

我在启动"新孩子乡村阅读公益行"活动时，已经申明活动面向全国。作为物质条件已经相对较好的北川，并没有申报这场资助性的公益活动。

而金川县是汶川地震的次重灾区，受灾情况也很严重，尤其是后期得到的支持较少，金川一申报，我们就立刻批准了。

我以为，这一次，我因此就绕开了北川。却没想到，赶往金川的这天中午，竟然安排在映秀镇午餐。

映秀漩口中学，如今的汶川地震遗址，在路旁沉默。

这是全世界最悲哀的5层楼——1、2楼直接化为碎屑，3楼成1楼。它像是支撑不住就要倒下，又像拼力挣扎着即将站起。

"民房未倒，校舍杀人。"遗址下的老师和孩子，就这样被今天的桃红柳绿埋葬了吗？

今天浑浑噩噩行尸走肉活着的，和死去又有何不同？

心里的难受，无法形容，无法控制。

死神一直想教人们应该怎样生活。可人类的愚蠢和麻木，一定让死神也哀叹啊！

默默想着。眼泪泛起又咽下，泛起又咽下……

金川教育局邓云勇局长亲自来接我们。简单的午餐后，他准备带大家去遗址参观。

我知道，参观是缅怀。如果能够有一点消费，也是为灾区人民做点贡献。

可我无法去。

我是靠着小心翼翼维护心灵的平静，才支撑到了第85所学校。身体实在无法承担情感的激荡。万一参观中我情绪崩溃，明天的讲座怎么办呢？

我拒绝去，结果大家都没去。

心里很惭愧。但还是想："那就不去吧。"

就这样，几乎是夺路而逃地，离开了映秀镇。

我不知道，是人的感性与理性本身就是两条路径，还是我在地理知识上的匮乏，导致我感觉上的混乱。

在我的感觉中，金川和汶川地震关联不大。而我反复去过的北川，已经成为那场灾难的标志。

于是，离开了映秀镇，却再也无法离开我心中的坐标——北川。

尽管下决心拒绝了去遗址缅怀，却也无法阻止心灵的潮水。一路上，心中翻腾着这些年的记忆。到了金川，深夜近0：00也无法入睡。

第二天，还是早晨5：00刚过就醒来了。上午8：20～12：00，我走进了"新孩子乡村阅读公益行"第85所学校——四川省阿坝藏族羌族自治州金川县东方红小学。

在参观东方红小学的过程中，我赞赏教学楼的楼道中间那些开放式书架。陈贵义校长说，这是他去年12月听到我的阅读讲座后回来做的。

陈校长不断地说，非常遗憾他刚听说这些阅读的常识，他不断重复一句话："我们的娃娃太吃亏了！"

又惊又喜又惭愧。那是我应李镇西老师之邀，到成都做的一场讲座。我没有想到，陈校长就在现场。我也没有想到，我的介绍会对一位校长、对一所学校、对一群孩子，产生这样直接的作用！每次见到这样赤诚的人，就对自己学识浅薄感到特别惭愧。早知有今天，我从小就好好读书，满腹经纶，不是早早就能够帮助到更多人吗？

在那一天的活动中，飓风、硕果和我分别举行讲座，成都武侯学校两位优秀老师送课，由刘鸿川老师统筹，县教育局邓云勇局长、樊朝勇副局长等带头全程参加，成都金堂县赵镇二小伍仁槐校长一行5人赶来参会……

活动非常成功。

唯一糟糕的是我的失控。

我在为全校学生父母代表、全县教师代表做题为"共读共行新孩子"的阅读讲座时，讲到日本学校是抗震救灾中心，立即想到昨天看到的映秀漩口中学，一时间无法承受心灵的冲击，情绪失控，当众哭了。

事后，飓风告诉我，会场上的邓云勇局长，当时非常后悔的样子。

其实真的是我不好。没出息，太脆弱。

我痛恨我的泪水，因为泪水毫无作用。

真正的祭奠，是加倍活出生命的美好。邓云勇局长，带领金川同仁，正在这样行动。

邓局长介绍，阿坝藏族羌族自治州是唯一实现从幼儿园到高中15年义务教育的州，这跟地广人稀学生少也有关系，阿坝州一共2万多学生。金川县共7万多人，本县就读学生8046人，跟随父母到周边就读学生986人。这一串数字，他都是如数家珍，脱口而出。

能与真正的行动者相遇，是何等幸运和荣耀！

同行的飓风，曾经在文章里感慨和我的这次行走：

> 我早晨6点从家里出发，已经觉得够早的了，而童喜喜却是早晨5点半从家里出发的，也就是她凌晨4点多就起床了。当我们坐上去金川的车后，一路上都在商量公益行的活动与种子教师研训营的活动，坐车也在工作，这又是我没想到的！直到晚上9点多，才到金川县，吃完晚饭已经10点多了，我们都累得直接躺下，直到第二天早晨6点才起床。而她工作到12点多才睡，第二天照样5点多起床。如果不是亲眼所见，我真不敢相信她是如此工作的！
>
> 5月4日吃过早饭后，我们一起到学校参观，接着是她两小时的讲座。在我做讲座时，她又与公益行学校的老师们座谈。中午，我们甚至连饭也来不及吃，就又坐上了赶往宜宾去的车。
>
> 从金川出发到宜宾坐了近10个小时的车。在路上，送我们到成都的车又出了问题。我这才知道，不仅旅途劳累异常，而且还存有安全隐患，这是拼命的旅程啊！到宜宾李庄已经是11点多，洗漱完毕又近12点。
>
> 5月5日，她早晨照样是5点就起床写作。7点过去吃早饭，然后就是到学校参观、讲座与座谈到12点。中午又是匆匆吃饭，立即采访我们的陈刚校长到近下午3点，一个人坐上汽车回成都，准备飞西藏灵芝，进行"新孩子乡村阅读公益行"第86所学校的活动。
>
> 与她同行的这不到三天的时间里，我看到她行走了两所学校。我当时只有一个愿望，放下手中的一切事务，陪她走完最后的十几所学校，但被她严词拒绝，只能每天在微博上看她长征的脚步。

这些年以来，北川于我，一直是个特殊的存在。

因为2008那一年，我和其他中国人一样，为这片土地流过太多泪。

然而，北川及任何一片受伤的土地，任何一颗受伤的心，都无法用泪水重筑，重铸。

一时的热泪容易，永远的澎湃难；感性的热泪容易，理性的澎湃难；情感的热泪容易，行动的澎湃难。

2008年7月，我初到北川，对教育一窍不通，否则，那时我肯定能做点有用的事。好在接下去我没有止步。

2012年4月，二到北川，已经是对教育开始探索的我。我用全部心灵爱了所爱的人们，用全力捍卫了给世界增进美好的事物，而且我一直在成长，甚至从"我"长成了"我们"。

2015年5月，我三到北川时——我心之北川时，在那天早晨的飞机上读书，读到加缪的这句："若没有对生之绝望，就不会有生之爱。"

北川，你有着太多生之绝望的苦痛，如今你的怀中，孕育着多少生之大爱的灵魂？

北川啊，你怎么可以成为我们泪水的河流？这里，应崛起为我们精神的高地！

（2017年4月15日）

三 教育永新

教育永远追求新境界，教育永远呼唤新世界。

2009年，我完成了中国第一部以儿童视角反思南京大屠杀的童书《影之翼》之后，遇到了新教育实验，自此结识新教育发起人朱永新先生。

放在历史的长河中，在20世纪初，即使没有朱永新先生发起的新教育实验，肯定也会有姓赵钱孙李的教育家，呼应着大众的渴望。

但是，任何事都离不开人，有了怎样特质的人就会有怎样特色的事。

在经历了幸福围观、长期践行、痛苦质疑、深入反思、冷静超越的每一个阶段之后，再次回望我曾经写下的这些文字——它们是真诚而客观的。

经师易得，人师难求。

希望在教育中，出现更多行动的理想主义者，为了大众过上幸福完整的教育生活而奋斗。

对话朱永新

他是一位官员，现任全国人大常委会委员、民进中央副主席、中国教育学会副会长。

他是一位学者。现为苏州大学教授、博士生导师。所著十卷本教育文集一再重印，在销售排行榜上名列前茅，文集版权输出韩国与日本，成为中国教育家论著集中输出两国的第一人。

可是，无论偏远山区还是繁闹都市、无论刚出校门还是年近退休、无论性情刚正还是腼腆羞怯……许多一线教师见到他就会冲上前去，亲亲热热喊他"朱老师"。每逢此时，他总是憨憨地咧嘴一笑，开心如同孩童。

因为他10年中把几乎所有的业余时间、精力、金钱，都献给了一项民间教育探索的"新教育实验"，极力让参与实验的百万师生共同"过一种幸福完整的教育生活"。他给一线教师带去了幸福，所以教师们回赠给他同样的幸福。

就这样，身居高位的他，和一线老师站一个特别的位置——从始至终肩并肩。

他叫朱永新。

问：有媒体说，"您是离教师最近的官员，近到能听见一线教师的呼吸声"。我发现您似乎对教师也特别"偏心"，比如您说"反对老师当春蚕、当蜡烛"，为什么？

答：在一定意义上，春蚕、蜡烛都是悲剧性的角色。春蚕到死丝方尽——作茧自缚；蜡炬成灰泪始干——牺牲自己。

而我觉得，教师不应该是悲壮的角色，应该是在教育的过程中，和孩子们一起享受教育生活，既照亮孩子，同时也照亮自己，应该是永不熄灭的火焰。

所以我觉得不能过分地强调教师的角色奉献、牺牲、没有自我，而应该在教育的过程中强调教师的职业幸福与尊严，让老师在教育生涯中，能享受每天平凡的生活、享受每堂课、享受每个活动，与孩子一起享受成长，从而让教师的人生更有意思、更有光彩。所以新教育的宗旨是希望帮助师生"过一种幸福完整的教育生活"。

问：作为新教育实验发起人，我听说您曾经想过是要把"新教育实验"改名为"新教育行动"？

答：之所以有过这个念头，是想弘扬行动。陶行知先生把"在劳力上劳心"称之为"有思考的行动"。列宁说过："一打纲领也抵不上一个行动。"而当下整个社会都缺少行动的力量。不乏人批评、指责，但缺少人去行动。学者们在书斋里闭门研究，即使创造出美好的教育理论，却依然理论与实践两层皮；一线老师职业倦怠感很强，不能体验教育的幸福，每天"拿着教育的旧船票，重复昨天的故事"——其实这都是缺乏行动的精神。

而新教育实验其实是一个开放性的行动，是基于对教育理想的探寻，在这个过程中每一地、每一校、每一人都可以有自己的创造，所以新教育的旗帜上就写过"只要行动，就有收获"。

问：的确，现在有百万师生都参与了新教育实验，都在行动着。这一年半来，我误打误撞闯进教育界，也与不少新教育的老师成为朋友。最近，我刚收到一位老师朋友的来信，她说到自己开展新教育实验近一年的感受："事实上，这样的日子很充实，有了方向，我开始寻找到了生命的意义，周围的人对我的态度也越来越不一样，特别是同事，虽然他们仍然把我当怪物似的，但很多人说不得不承认我的做法是对的，其实别人说什么、怎么看，于我已不重要了，我明白自己的方向，明白自己要走的路。"

这位老师身处四川宜宾某所山区小学，是从网上发现了新教育实验后，根据"教育在线"网站上的教学资料与指引，单枪匹马在自己的教室里开展新教育实验。以前她的网名叫"雪依然"，现在她网名依旧，可签名变成了"冰雪融化出春天"。据我所知，新教育老师中和"雪依然"老师有着类似经历的不在少数。

我觉得教育的实质就是生命点燃生命，可新教育实验中这种普遍存在的现象，还是让我震惊与困惑：为什么新教育有如此魔力，能够在这样的一个时代，点燃这么多老师的激情？这是新教育实验独有的现象，还是因为我孤陋寡闻，其他的教育实验也有着类似的事情？

答：真正好的实验、改革、探索，总会引起一部分教师的关心、关注、参与，总会点燃他们生命中的激情。在中国，这样的探索并不止新教育一家。但像新教育这样执着，像新教育这样长期、持续地真正关注一线教师生命状态的，还不是很多。因此，当新教育与那些充满激情的教师相遇，就能迅速走进教师的生活，就能点燃他，就能促使教师迸发出生命的火花。新教育中遍布全国的榜样教师们，无论他们身在何地、年龄大小、起点高低，共同的特质就是都属于这种充满激情的人。

只是在生活中，我们遇到的更多教师可能激情被暂时遮蔽，这时需要的是反复的碰撞与点燃。比如石家庄桥西区，2004年它以行政区的方式加入新教育实验，是全国第一个用行政区来推动新教育的实验区。此后几年，在实验中却很少看见它的身影。直到2008年我重返桥西，2009年新教育研究中心接着进行了持续的跟踪交流与指导，现在桥西实验区的教育已经焕然一新——地区如此，具体到个人其实也一样。

当然，这个点燃的过程，也是新教育自身成熟、完善的过程。早期的新教育的确有不少缺陷，虽然在激起理想情怀方面起了很大作用，但在技术的指导上比较缺乏，因此很多一线老师在缺乏指导的情况下，就渐渐沉寂下去了。如今新教育也因为优秀教师的不断加入而成长，现在已拥有了扎根一线的课程、提升教师专业发展的网络师范学院等，而且这些资料与学习都是免费的，因此一线教师方向更明确，收获更多，更容易在教育中感受到幸福，生命的激情也就更容易被点燃。

问：新教育实验这10年不断发展壮大，从早期的课题实验发展为中期的项目研究，近期新教育又有了自己的基金会——新教育昌明基金会，这意味着新教育已经成为一个教育的NGO组织。为什么会考虑成立这个基金会？您以前为数位山区一线老师捐赠过价值十余万的图书成立移动图书馆，听说基金会成立后，您又带头为基金会捐了不少款？

答：成立新教育基金会，同样是为了促进一线教师的行动——"有思考的行动"。在新教育的理念下，每位一线教师、每所学校都可以进行创造性的课程开发、教学研究，向基金会申报被批准后，就能得到一定的资助。此外，基金会还有"新教育种子计划"的项目，专门为那些条件困难但热爱教育的一线教师创造成长条件，协助这些教师制订个人成长计划，并提供师生成长所需的图书、进修学习的费用等。

以前我国有类似"希望工程"等很多项目，结对子资助孩子。事实上，孩子真正的成长还要靠老师。如果帮助一位老师真正成长，那等于帮助了多少孩子？激发教师的创造力，携手教师共同成长，这就是新教育基金会要做的事。

我现在给基金会捐了两笔钱：第一笔 10 万元捐给新教育研究中心，第二笔 10 万元捐给新阅读研究所。阅读分"读什么"和"怎么读"两个问题，新教育研究中心是想解决师生"怎么读"的问题，新阅读研究所是想为"读什么"而努力，力图成为中国在书目研究方面比较公正权威的机构。

问：您有能力资助这么多人与事，您目前还有诸多头衔，在很多人看来这俨然显示您是位成功人士，但可能很少人会同时记住一个事实——您也是从一个孩子长大的。您从学生、老师、学者、官员一路走来，肯定有不少感悟。回顾您个人的成长之路，您最想和年轻老师分享的一个经验是什么？

答：儿子上大学时，我曾经给他写了封信，主要说的就是"把理想装进你的行囊"。

我觉得作为一个人，能让他不断地前行的动力就在于他有个目标。理想、愿景、梦想……作为一个人来说，这些是最伟大与最关键的词汇。

我们常说人是为了今天而活。其实在一定意义上人是为了明天而活着，是为了创造一个更美好的明天，才能不断把握住今天，不断去努力。

一个人活着，必须有方向。很多人觉得生活没有滋味、没有动力，就是因为缺乏方向，不知道生命往哪里去。所以我觉得"理想"这个词看起来很空，其实非常关键。有了这个，身为一位老师，你是谁？你要成为什么？你将成为什么？你将如何生活？这样会激发自己思考一些最基本的问题，然后才能不断挑战自己，才能在碰上困难时不再轻易放弃。

问：说到理想，我记得您的文章中曾有段让人动容的话，"我得谦卑地承认，几十年前，在我初为人师的时候，我并不懂得教育与生命的密不可分；10 年前，在我萌生新教育理想的那一刻，我也绝不可能像今天这样明了新教育之于时代，之于生命的意义"。理想是否也有个从小到大、慢慢成长的过程？

答：当然是这样。理想最初总是懵懂的，并不清晰，是在追寻的过程中慢慢明晰起来。随着自身的发展在不断往前走，这才能发现什么是人生更重要的东西。

新教育的老师中就有很多这样的例子：一开始，有的老师认为自己做了新教育后，会写好文章、讲好公开课、成为名师，抱着这样的心态走进新教育。这种想法很正常，这也可能是更高远理想的萌芽阶段。

但成为名师往往是个很容易达到的目标。一旦老师达到这个目标后再没有更高的目标，没有关注孩子生命、守住教育本身，而是一味追求发表文章、公开课，那他的目标就没有往前走。

很多新教育的老师们最让我感慨的就是，他们经过了想成为名师的阶段后，人生到了新的境界，知道有比公开课、发表文章更值得追求的事物。

所以，理想由一串串的目标构成，实现一个目标后，就必须继续制订更高的目标，否则理想就会停滞甚至死亡。

问：理想和现实总是有差距的，您也曾经说过"与其我们不断地批评应试教育让我们戴着镣铐跳舞，我们为什么不可以戴着镣铐跳出精彩的镣铐舞呢"，请问您现在的"镣铐舞"跳得如何？

答：我之所以做这样的一个比喻和形容，就是觉得在中国还是有空间的，想舞蹈还是可以舞起来的，尽管有时会有点悲壮。事实上我觉得这个镣铐并不是真实地套在我们身上的，而是我们自己套在自己心上的，我们用无形的绳子把自己给绑了起来。很多人还没去做就觉得不能做，结果真的就没有做了。

同样的制度、同样的背景，从我们很多新教育学校、老师来看，这几年来学生、教师、学校都变化、发展了。所以，我经常说：一个老师在自己的教室里就是国王，一个校长在自己的学校里就是国王，一个教育局长在自己的区域里就是国王！我们都有属于自己的一份领地，只要想做，我们都可以做得很精彩！

对话后记：

有时，文字是苍白的，能记录下语言的片段，却不能如实描摹朱永新作为官员的沉稳、学者的理性与改革者的激情。

　　这般立体的人，或许只有他自己能概括。如他在每年都要重新修订的那部《新教育》一书中所说："我一直在说，新教育不是我一个人做的，新教育也不是我一个人的，新教育是你的，是我的，是每个需要新教育的孩子的。至于我，最多只是一个在时代急促的呼吸声中，大着胆子，跑出来喊了一嗓子的家伙。因为有孩子，因为有你们，我微弱的声音才能在中国教育的沉疴里激荡。"

　　就是这个"喊了一嗓子的家伙"，从不利用工作时间去做新教育，从不利用本职工作的资源去刻意帮助新教育，从未希望新教育为自己的工作添分，与此同时又说："一旦发生冲突，我任何东西都可以放弃，唯一不能放弃的就是新教育！"

　　其实，他何止"喊了一嗓子"！他一直在呐喊：为了代课老师、为了推广阅读……两会中他上交的提案，总是以教育为主。

　　身为教师之子，或许教育在朱永新诞生之初就融入了他的血脉。而因了他的呐喊，关注、理解教育的人越来越多，与他肩并肩站到一起的教师，也越来越多。

（2010年10月30日）

唯一不能放弃的就是新教育

敬爱的、亲爱的、可爱的朱老师：

在这个春天，新教育的种子还在萌芽，新教育的花儿正在怒放，这本小小的书，却已过半。

我写新教育人，断然无法绕过您。我不想用领袖来形容您。您不是领子，也不是袖子，您是我们的冬衣。没有您，灵魂会冷。

但我能怎么写您呢？

我曾想给您写一本传记，为此做过准备。

但我很快发现，您履历简洁，毫无跌宕，无"八卦"可供我们捕风捉影。您最与众不同的就是那颗心。我无法妄言深度，仅说我见之处的广博，已如大海，我舀起一瓢后，看着更浩瀚的……我心凉半截。

然后，我听李庆明先生说，他将要写一本书，从哲学的角度来剖析您。我赶紧打了退堂鼓。您这心灵传记，且留给他去写吧！我写篇记录您人生经历的短文就好了！

没想到，我很快在《新教育》一书里见到高人所写的同类文章。其资料之翔实，其考据之周密，我只能望尘莫及……

所以我就想：给您写这封信吧！只写写我眼中的您。

可我还是迟迟不敢动笔。

2010年的年会，因为尊敬的李吉林老师那句"从某种意义上讲，朱永新先生的人格魅力衍生了'新教育'的魅力。有魅力必有追随者，这是必然的"，我曾倍受撞击，恍然提笔：

> 我自命新教育人，其实只是新教育的旁观者，只是因为时间比较多而有

机会采访一些新教育人,听他们只言片语谈点感受,就感慨万千,就深感研究新教育固然需要疯子般的付出,可推广新教育的艰辛,更需要傻子般的努力!

身兼二职,同时作为新教育的研究者与推广者,朱老师他又会、该会遇到怎样的难题?

我曾经很多次换位思考,把自己想象为朱老师——如果我是朱老师,我会怎么做?

但这种念头根本无法进行接下去的思考,因为我总会很快得出答案——如果我是朱老师,我根本做不到!

朱老师做到了。或者说,他本来也做不到,可他吸引了那么多追随者。

这些追随者有着不同身份,可我相信追随者对朱老师来说亦师亦友。他们不做新教育已足以在各自领域呼风唤雨,可他们把各自的热情都倾注到新教育中来。他们的热情感染、召集、凝聚了更多人——于是,众人的心血,才有今天的新教育,众人的努力,才熬出眼前这锅"石头汤"!

我已经读过朱老师的很多本书,也曾当面采访过朱老师。但我没写出一篇关于朱老师的文章。

因为我根本不懂我看到的朱老师。或者说,我不信我看到的朱老师就是完整的朱永新。在某种意义上,一个不完整的解读就是误读,甚至是亵渎。

李老师的这句话,把我一年中感受到的几个朱老师突然融会在一起,形成了一个立体的人。

激情如诗人、深邃如哲人、深沉如谋士、纯净如婴孩、憨拙如老农、淘气如顽童——这样的一些特质,我们可以非常容易地在不同的人身上看到。

但这些特质统统在一个人身上集中,却十分罕见。

而朱永新老师,却是这样一位集中了许多特质,而且从各种特质之中取长补短进行扬弃的人。所以,"有魅力必有追随者,这是必然的。"

....

可是,朱老师,除了把这些过去的激扬重新翻出,我还能怎么写您呢?

有时候觉得,我与您的交往其实不多。

有经济学家说，"'没时间'的说法是错误的"。每天24小时，谁也不可能多一分、少一秒。所谓没时间，是要将这时间去做更"经济"的事。

所以我理解您更"经济"的事，是您的本职工作，是中国教育，是新教育。所以我向常丽华老师学习，她过年过节都不给您问候，平时也不吭声，用在教室里开出新教育的花儿，向您遥遥致意。于是我跟您的相见，也只是三五次新教育活动，两三次采访而已，尤其是为《教师博览》之邀做的那次对话，其干涩浅陋，未能传达您神韵之万一，更是让我自觉羞愤，自此避您唯恐不及。

可是朱老师，我告诉您：更多时候，我却越来越觉得似乎与您朝夕相处。

这不是源自网络带来的错觉，而缘起于一些温暖的记忆。

我记得桃花仙子千里迢迢背着几位学生一年的"读写绘"作业本，兴冲冲地送给您看，满脸笑容地注视着翻阅作业本的您……

我记得小风习习居然把儿子带到新教育年会见您，她悄悄告诉我说，您是她精神上的父亲，要您摸摸孩子的头……

我当然也记得昨天，我分明是为另一件事请教您，您却突然提起一位犯了错误被撤职的新教育老师，您知道我与他熟悉，叫我"什么时候你去看看他吧，书生一个，不容易的"。当震惊的我申明要存下这条短信到时给那位老师看时，您又说："谢谢！不应忘记所有曾经为新教育做过贡献的人。"

朱老师，朱老师……

我要坦白告诉您，告诉所有人：那位老师不仅对我很好，而且对我的工作帮助很大。在他出事后，我也多次想到他。但是，我只是设想着他这突如其来的变故后将如何生活，就如同我平日构思小说里的一个人物。我从未想到过去看他，不是我想回避，而是我从未、丝毫未曾想过眼下每日于他，都是"不容易的"煎熬。

在新教育里，平素我一贯表现得如此爱意泛滥，然而昨天的事却让我发现我的内心其实如此冷酷无情！我像个拥有太多玩具的孩子，这一秒紧捧着对话的布娃娃，下一秒就可能丢弃。

我要真诚地向这位老师致歉，并以此事真正自省。我从来都知道自己的坏，每次发现新的坏总忍不住叫"哎呀，我怎么这么坏啊"，可我却从不怕我的坏，因为我会改，我要改。

可我更想说的是：朱老师，朱老师呵！您却是如此多情，真正情深！中国教育、中国教师、中国孩子都该庆幸，这个时代还有一位多情至此的您。

除了与您少少交汇中产生的片段，还有更多关于您的记忆，来自我身边的新教育人，比如我现在的罕台。

说到您，新教育"魔鬼团队"的"大魔鬼"干国祥说："很少有人是想做好的教育，很多人只是在做吸引眼球的教育以借此成名。而朱老师是那种少见的真想做出好教育的人。这是真正教育家的情怀。"

听说我写新教育人，我的新教育师父马玲马上笑得灿烂："那你一定得写朱老师！他真的很可爱！"

……………

如此，与您精神上的朝夕相处日益增多，对新教育的情感就渐渐改变。

尤其是我从旁人之口得知您为了新教育不仅负重，而且忍辱时，愤怒简直要把我淹没。有的事，我听说时都忍不住落泪，别说现实中的您拥有诸多头衔，是所谓有身份的人，就算一般人，也万万难忍。

交往越多，越感受到新教育给您的负担，有时我忍不住恼怒地想：管新教育好不好呢，您幸福就行！

稍一转念却又明白：新教育不好，您就不会幸福。因为我永远不能忘记采访您时，您脱口而出的那句话："一切都可以放弃，唯一不能放弃的就是新教育！"

于是我只好心里叹口气，再想：好吧，好吧，继续新教育吧！

我猜，很多人对您就是怀着这样的心情，跟着，走着。

当然，我不是从开始就对您有这样的感情。

你或许知道，以前在公开场合，我还要摆摆独立思考者的架子，说："您是我见过的最接近伟大的人。"您看，我是很高傲地说"接近"呢，哪怕是"最接近"。

您或许记得，以前我给您写信，但凡夸了您，我总要打个"补丁"，加那么几句："您一定要加油！要变得更好更好更好啊！"

这话表面是给您加油，其实是我存着小心眼呢，怕您骄傲起来变坏了。我担心您变坏了，我对您的夸奖，可不全成了我糊涂的证据了吗！

后来，我见过很多新教育人，现实里他们有着不同身份，却对您众口一词。

再后来，我见过您的夫人谢玲老师，亲耳听到爽朗直率的她笑着说："我现在的任务就是两件事：第一照顾好你们朱老师的生活；第二看管好他，我们吃穿都不愁，不准他腐败！"哈哈！我真是很开心！我知道您为什么把那么多稿费捐给新教育了，因为男人的夫人，可是男人成长的重要小环境呢！

我还要告诉您：再后来，我见到一位对中国教育有着高位思考的老师，她说："对于我，尤其是新教育的老师们来说，因为您是唯一的星星，所以我们对您如此崇拜。"

听过这番话之前，我倒从未想过要崇拜您。拜倒在您脚下很容易，但站直了才能看得更清，更便于学习。

听到这番话之后，我曾自省。难道我真是不在教育圈，才对您过于钟情？还专门去请教我那位有着强悍教育圈背景、见多识广、人品卓绝、比我冷酷无情一百倍的编辑薛晓哲先生。

对我的疑惑，薛晓哲只是淡淡一笑，说了句："还是我们朱老师好。"

再无二话，也无须多言。

您看，那本书里所有的照片都是薛晓哲先生拍的。这只是他这两年为新教育义务拍摄照片中的九牛一毛。而我坚信，您必将看到，他这样的人在新教育里会越来越多。

所以，度过这两年充盈新教育的岁月之后，从新教育师友、从您的亲人那里印证您之后，在听到这种话之后，我已经决定要说——朱老师，您要认真听好：

朱老师，您就是伟大的人。

这一次，没有"补丁"。

有那样的夫人，有这样的新教育朋友，我今后永远不用再费事对给您的赞美打"补丁"。我要大胆地对您进行赏识教育，我坚信您一定会不断学习，继续前进，天天永新。而我要跟在您身后，微笑地看着您的背影——但我注定不能像别的新教育人那样讷于言而敏于行，因为职业，我只能像个喇叭一样，在您身后、在新教育人身后，一路"哇啦哇啦"喊下去。

但是，专职写作的我，本来可以去专心锻炼如花之笔。指点江山、针砭时弊、嬉笑怒骂，照样混碗好饭，照样不亦快哉。

然而因为您，因为新教育，我却越来越确信，世界不是说一说就能改变的，更不是打一打就能改变的。说一说、打一打固然有存在的意义，但归根结底，还是要做一做有建设性的事情。

现在我确信自己最终选定了人生之路，我要去说一说，同时还要去做一做。我要写作，我也要做新教育种子计划。也许，做两件事结果会导致哪件事都没做好。但做两件事，却能让我这个人变好。

所以，您看，我就是这样改变，我们就是这样改变。新教育已经不仅是您的事，甚至不再是您的事，而是我的事，是我们大家的事。

写《那些新教育的花儿》就是我最近的事。

您嘱我写这本书，已经一年半有余。但您肯定不知道，这本书里一半以上的内容，都是我从2011年3月16日才开始写的。到同月30日，完成了两篇之后发现写法不对，那就是我在邮件里冲您咆哮："我要死了！"

当然，我没死，我还活得很好。当晚我用一个通宵，以新的方式写了一万字，从此一路燃烧，从同月31日，至同年4月6日。飞扬文字，瘦身成功。

因此，我要请您原谅，我没用更多时间去细水长流、精心打磨。请您原谅2010年的我为新教育挣扎，就像蛤蟆突然跳进大海，水还是水，却不觉有点甜，反倒有点咸。请您原谅我拖拉的坏毛病，以为年会注定是同年7月，2011年却提前到6月，被"杀"了个措手不及。

但正因如此，今年的蛤蟆才发现，不是水不对，而是跳错了，醒悟之后的2011年才感到新的水如此甜美。还请您允许我骄傲一次，虽然我没能让这本书实现我心目中的高质量，可我能保证这本书不是低质量。因为，从水龙头里流出的是水，而血管里流出的永远是血。

写这封信前，我一直没有勇气动笔，不知如何写您。

我忍不住在网上对义工王琪大喊："我要写朱老师了啊！我要写朱老师了哦！快来鼓励我！赐予我力量！我要写朱老师了啊！"

她说："你写吧！对朱老师你肯定很温柔，像你昨天告诉我那些事情那样，又尊敬、又温柔和心疼。反正你写吧！"

…………

"你不用再说了。不用回这条信息。"我说。

大哭一场，开始动笔。

此时此刻，我身在内蒙古罕台新教育小学，窗外阳光灿烂，春风摇曳。而昨天还狂风大作、暴雪如瀑、寒意彻骨。

反正，我到现在终于明白什么叫仪式、什么叫庆典。想到能在新教育年会上见到那本书，想到能庄重地献出自己这微薄的心意，想到那本书的稿费能够成为新教育种子计划的一滴水，我的心情啊，实在太甜蜜！

写完这些话，我甚至不能再看一遍，关上电脑我就要去赶当天19:30的飞机，到那号称"央视、央校"的新教育学校中央教科所深圳南山附属学校央校，辅导那里的孩子写童话。

因为我最讨厌坐飞机啦！我要在坐飞机前把书发稿。这样，这一次万一我从飞机上掉下来，我也不遗憾。

新教育这个圆，划得越大，越见外部的未知、自身的欠缺。

所以，我们必须跟着您走下去。

所以，那本书，献给书里书外我爱的所有新教育人，也要特别地献给您。

所以，我无法形容的朱老师，最后这一次，我不想祝福新教育，我只想祝福您。

深深祝福。

完整幸福的喜喜
2011年4月6日 16:50

结巴生涯

言为心声。如果说眼睛是心灵的窗户，语言就是心灵的喇叭。每个人的语言都阐述着这个人的思想，每个人的语言风格都流露出这个人的个性。作为教师更是如此。

但是，并不是所有人都天生有一副好口才。尤其是对于那些性格比较内向的老师而言，口才又怎样培养呢？朱永新对此经验非常丰富。

作为新教育发起人的朱永新教授有一副好口才。他的演讲逻辑性强，情感真挚，语言简洁精炼，受到许多教育工作者的欢迎。

对于演讲者来说，最大的考验还不是演讲时展示出的口才，而是临场的应变能力。有许多演讲者善于当众的"演"而弱于即兴的"讲"，因为演可以反复推敲、排练，而脱稿即兴演讲就相当于每一秒都是现场直播，无法排练。

朱永新的口才却近乎反其道而行之。综观朱永新的演讲，人们会发现，发言越是经过精心准备，他的表现越是中规中矩，如果需要念发言稿，他的表现就堪称平平无奇。可以很明显地看出，朱永新不是那种伶牙俐齿、口若悬河的类型，而且他的表演才能较差，很难用肢体语言"演出"发言的内容。但他最擅长的是现场回答听众的提问，再冷门的问题，甚至有着强烈挑衅意味的问题，他的回答不仅妙语连珠，而且全面、完整，在不偏不倚中给人深刻的启迪，令人信服。

正因如此，朱永新对口才自我培养的经验，才适用于更多普普通通的老师。

朱永新从小性格比较内向，不太爱说话。刚上小学时，可能因为过于紧张，他在很长一段时间里说话结巴，这对他而言无异于雪上加霜，他更加少言寡语，不愿意与人交流，经常一个人默默躲在一边读书。当时朱家没有房子，全家人借居在母亲的工作单位——政府招待所里，南来北往的客人们常常随身携带着一些书籍，他就利用地利之便，把书借来读。客人们停留的时间一般都不会太长，朱永新因此养成了快速阅读的能力，一本书要么一天，要么一夜就得读完。

从小学到初中期间，有个特殊的事件，在无意识中帮助朱永新锻炼了口才。

当时全家人最大的梦想是自家能够建一栋房子，为此不停地做缝制麻袋、压制芦帘等一类的零工攒钱。不仅他们兄妹三人跟着父母一起努力，他们还带动了同学、朋友帮忙。为了报答这些帮忙干活的同学和朋友，朱永新开始一边干活，一边给大家讲故事。那些客人们讲过的或从客人的书里读过的故事，不仅吸引着同龄的伙伴们，讲述故事的朱永新也沉浸在故事中，忘记了紧张，也忘记了结巴。到了初中时，朱永新的结巴有所好转，也开始愿意与人交流，只是，那时他的交流对象仅限于自己的好朋友们。直到高中阶段，朱永新也是一个再普通不过的学生。

真正的改变，从朱永新上了大学开始。朱永新是恢复高考后的第一届大学生。一进大学校园，同学中许多都是老三届，他们不仅年龄比自己大，学问也更比自己扎实。强烈的自卑感激发起朱永新求知的欲望。

从走进大学的校门开始，朱永新成了图书馆里的常客，每两三天借阅一批书，读得似懂非懂，却也坚持不懈。他成了运动场上的常客，尤其是坚持清晨 4000 米的长跑，虽没让他成为体育健将，却锻炼出健康的体魄，培养了坚韧的性情。他还成了一名"翻译"。中学基本没学过外语，他赶紧找来一些英语教材自学，感觉教材太枯燥，就找到原版书进行翻译，当时就翻译了一本《东方故事集》，尽管未能出版，却大大提高了学习外语的自信……

在这一番蜕变般的苦练之中，自然少不了从小到大的弱势——口才。

其实，直至今天的中国教育中，口才仍然没有得到足够的重视，20 世纪 80 年代的人们更是秉承着沉默是金、多做少说、君子讷于言而敏于行的古训。但是，大学生朱永新读到了一本传记，其中有一个中国人耳熟能详的故事，一个伟人如何把石子含在嘴里训练口才。这样一个被当下诸多国人讥讽为心灵鸡汤的故事震撼了一直以来口才很差的朱永新，成为他自我训练的转折点。

自我训练意味着自我突破，对任何人来说都不是一件容易的事。朱永新想到了一个绝招——加强"外压"以挖掘潜力。他公开向同学们表示，自己的口才太差，愿意承担小组发言。同学们很高兴地把这个任务交给了朱永新。从那以后，最少每个月有一次机会，朱永新必须代表小组在全班同学面前发言。

最开始在全班同学面前发言时，朱永新一站起身就腿发软、心狂跳，脑海里顿时一片空白，嘴里更是结结巴巴地根本说不清楚。但是小组的同学都知道他的目标，尽管他的发言堪称是出了洋相，可大家对他挑战自我的勇气还是大加赞许。

汲取第一次发言的教训，再次发言之前，朱永新提前整理好文字稿，在发言之前熟读，在发言时尽可能自然地当众念出来。这样尽管发言时还是心里直打鼓、脑门儿直冒汗，但发言效果果然好了很多。

小小的成功大大激励了朱永新。只要是有他发言的场合，他每次发言完毕都会认真请教听众，请大家提意见，并默默记下所有的问题。然后就到图书馆抱回一大摞关于演讲和口才的书，按照上面提供的办法不断尝试。如何说绕口令让嘴皮子利索起来？如何增强心理素质从容自若不紧张？如何锤炼开头去抓住听众的注意力？围绕着一系列有针对性的问题进行锻炼，每解决一个问题，就前进了一大步。

这样知行合一的阅读与践行，朱永新在短短时间里克服了心理上的恐惧，打好了口才上的基本功，掌握了演讲时的技巧。10年之后，成为苏州大学老师的朱永新更以学校辩论队教练的身份，带领校辩论队在全国大学生辩论赛中取得了全国第二名的好成绩。

总体来说，朱永新在口才上的自我训练可以归纳出这么几点：第一是倾听。明白对方说了什么，能够清晰简洁地归纳出对方所说的要点，是口才训练的第一步。第二是思考。口才，其实就是对思维能力最简便直接的呈现方式。要想讲得好，必须想得深。第三是表述。说话时必须注意口语的特点，要善于深入浅出；第四是思想。口才的最高境界不是靠技巧打动人，而是靠内容吸引人。

正是在第四点上，朱永新鲜明地体现出了个人的特色。他回答听众的提问之所以精彩，并不是靠运用技巧，而是靠平生所学的积累，外加真挚平等朴素的表达。中国民办教育风云人物、新教育基金会理事长卢志文常常说，他之所以走进新教育，正是因为朱永新的演讲。

那是卢志文第一次听朱永新演讲，讲座结束，卢志文当众提出一个问题，直指朱永新演讲中的一个漏洞。口才出众、经验丰富的卢志文很清楚，台上的朱永新掌握着话语权，可以用无数方法巧妙回避问题。万万没想到，朱永新老老实实地回答："你说得对，这个问题的确是我考虑得不够全面。"

承认错误，是进步的开始。正视不足，是自我教育的发端。自我教育的最好时机，永远是从自身渴望改变的那一刻开始。从结巴到演讲家，朱永新赢得的这场自我挑战，体现出的正是教育的价值——教育，就在于帮助每个人成为更好的自己。

（2015 年 12 月）

致教师一颗永新的心

1. 做一线教师的学生

那是 2014 年 10 月 27 日，一个让我印象尤为深刻的日子。

从那天起，来自全国各地一线的 20 余位新教育核心种子教师，到北京访学一周。

就在那次活动中，有一项特殊的内容。新教育发起人、著名教育学者朱永新老师委托我发放了一页"问题清单"——在一张纸上，打印着数十个与教师相关的问题，请老师们讨论、增删，书面提出自己的意见。

一天傍晚，朱老师邀请所有老师吃饭，他又把这些意见带到了餐桌上，

和其他老师不同，参加新教育时间稍久的一线老师见朱老师都如见亲朋，在朱老师面前毫不拘谨，反见赤诚。大家边吃边议，有说有笑。坐在边角的朱老师挪到我们这一桌来，开口第一句话就是："你们看了清单，再没有其他问题吗？"

这页"问题清单"，也就是《致教师》书稿的提纲——那是第四次修订。

在此之前的 7 月 6 日，朱老师早已整理出了初稿《致教师的 XX 封信》。我对书稿框架提出意见后，他进行了提纲的第二稿修订。然后他让我从网络上征求一线老师们的意见，又改了第三稿提纲。

在那晚的讨论后，朱老师进行了第五次修订，确定了《致教师》一书的提纲。然后，朱老师再次投入到书稿的整理和写作中。于 2015 年除夕完成了初定稿，又反复打磨 5 个月后正式定稿。

《致教师》一书，最后选定了 46 个问题，在这 46 个问题背后，来自对 200 多个问题的反复的讨论和甄选。

没有对教师这样的用心，不会有《致教师》的打磨。

2. 生命因成长永新

2014年10月27日，之所以让我印象尤为深刻，出于另一个私人原因。

在那前后的一个学年中，我正忙着开展"新孩子乡村阅读公益行"，要只身前往100所乡村学校，为每所学校免费做两场讲座。为此一天去两所学校演讲5小时，或是用十几个小时赶往一所学校，都成了家常便饭。因为出发前急于编辑完手头的10部《新教育文库》书稿，夜以继日，不知不觉中腰伤复发，整个公益行期间都在"自作自受"。

因为不放心那一场北京培训，同年10月27日的前一天，我从温州赶回北京，留好一周时间，准备全程参加种子教师的研讨。没想到当天早晨，我腰痛得只有趴着才能够忍受。只好打电话给活动负责人，嘱咐一番，请了假。

恰好朱老师紧接着打来电话，问我培训准备得如何。在我的介绍中，他听出我没有去现场，问："你不是专门为参加这个活动回来的吗？"我只好把我的个人状况说了说。

"你应该参加活动。一线老师都来了，你不露面，他们学不安心的。身体不舒服，克服一下就行了。你要知道，国家领导人也会生病，但行程确定下来，连国家领导人都从医院里拔了针就去见外宾的。"朱老师说。

电话里，朱老师的声调一如既往的和气，透着一股推心置腹的真诚。

第二天开始，我在后背贴了几块膏药，参加了接下来的所有活动。

别说为种子教师举办的培训活动是用我个人稿费举办的，别说我在新教育只是义工，做的所有事都没有收入，只说我当时的健康状况，敢这样鞭策我的任何人，都只会遭到我的鞭挞——除了朱老师。

我能理解。与其说朱老师是在对他人提出要求，不如说他在陈述自我。那些正常人根本无法理解的观点，对他而言再正常不过。关键是，他怎么说就会怎么做。

比如，早在2011年8月的一天，我和几位一线老师应朱老师之邀参加聚会，远远见到朱老师以怪异的姿势挺着腰，一晃一晃走过来。原来他腰伤发作得厉害，行动不便。就这样，朱老师第二天一大早还会正常出差。而且，他的腰伤丝毫没有影响他每天清晨5:30左右开始的"微博写作功课"。

还比如，新教育首届年度人物奖获得者张硕果老师曾经告诉我，2008年春，她参加了在贵州一所村小举办的新教育活动。"会场就是露天的操场，大家都坐在长条板凳上。听着听着，领导陆续有事告退了，最后第一排只剩朱老师一个人。他头发有些花白，坐得很挺拔，始终认真听着，还不时地记一些东西。活动结束时天已经快黑了，大部分人都散场了。朱老师又去参加了晚上的公益组织论坛。"硕果对我说："这些年来，我遇到困难时总是想起朱老师那天的背影，总觉得不把新教育做好，真是对不住孩子们，真是对不住朱老师。"

没有对教育这样的用心，不会有《致教师》的诞生。

3. 教师成长的脚手架

作为新教育出版统筹义工，《致教师》是我接手最早、耗时最长、曲折最多的一本书，成绩也最骄人——平装本一年热销20多万册，精装本8000册一个月就销售一空。

我在意的不是《致教师》受到欢迎，而是它受到了怎样的欢迎。

听说有许多局长、校长纷纷购买这本书发给老师们阅读，这并不足以为奇。

真正让我欣慰的是，在2016年春节前后的两个月中，也就是这本书上市后的寒假里，这本书在当当网上的销量，是长江文艺出版社全社图书销量的第一名。

在当当网上，又是在寒假期间，充分反映出《致教师》得到这样的认可，是一线老师自觉地选择。何况除了那段时间，《致教师》一直都在类似体现普通读者购买数量的排行榜上。

这让人自豪。

《致教师》的写作，建立在新教育实验多年的创新行动之中，建立在朱老师提出的教师成长理论体系之上。

新教育开宗明义——以教师成长为起点。无数一线教师主动选择新教育，是为此做出的、最简单有力的说明。

"我曾在一篇文章里说，妈妈给了我第一次生命，而新教育让我重生，有人笑我矫情。他们不会懂得生命的全情投入和真正活着的感受。从2011年加入新教育，到2016年才5年，我却觉得走了好久好久。从战战兢兢、如履薄冰，到如今依然觉得自己需要学习的还有那么多，要成长的还那么多，所幸一路有你们。已经过了激情澎湃、热血沸腾的日子，我所做的，只是去做，去做，去做。"种子教师木槿树这样告诉其他种子教师。

曾经的一线教师蓝玫，则成为当地第一个辞去公职的教师，全力以赴投入到新教育的研究和推广中。她说："新教育重塑了我，让我认识到家庭教育是撬动当下教育的最好杠杆。我喜欢孩子，喜欢讲台。离开教室，我哭过很多次。但是，我得用自己的所学，服务更多人。"

我亲身见证着，无数一线老师用不同的方式表达对新教育的情感。参加新教育时间越长，越可见一个共同特征：不是对某一个人某一件事的盲目追随，而是每个人心灵深处产生了自我的觉醒。

所以，有许多《致教师》的读者归纳过这本书的诸多优点，比如，从文采上，行文简洁，读时流畅易懂，富于哲理，读后引人深思；从内容上，切合一线，原则和方法并重，不仅有高屋建瓴，又兼具可操作性，等等。但有一个特点，许多读者会从书中深受其益，却可能会视若无睹，那就是，《致教师》是一本具有高度完整性的教师成长专著。

第一辑"给我一个做教师的理由"、第二辑"借我一双好教师的慧眼"、第三辑"愿我书写一部教师的生命传奇"，正是从职业认同、专业发展、幸福完整三个纬度，对应着朱老师提出的教师成长理论体系，打下教育生活的支柱。第四辑"让我们过一种幸福完整的教育生活"是 6 篇新年致辞，看似与主题无关，实则闲笔不闲。正因为是每年一篇的新年心语，显然不是用笔写就，而是用脚踩出的。作者年复一年地自我反思总结，直抒胸臆，读者若是用心，必然被感染，被打动，甚至被震撼。

从文学跨界至教育，我投入的第一个项目，就是新教育种子教师计划。6 年时光，和近千位一线教师摸爬滚打，共同成长，其间感受最深的是，每一位正常的教师，都心怀一个成为好教师的梦想。前提是如何叩开对方的心门，让对方产生信任。然后是如何提供恰当的方法，让对方迅速提升找到成就感。接着是如何帮助对方妥善处理关系，在前行路上减少磨损。最后是如何点燃对方的心火，让生命从自我深处觉醒。

这四步，循序渐进，缺一不可。

《致教师》用深入浅出的方式完整诠释这四步。由此，全书 46 封书信和 6 篇新年致辞，组成一个有机的整体。这一整体，远大于局部之和。

是这样思想的钢筋铁骨构建出了足够坚实的成长脚手架。新教育不是标新立异之新，而是为中国教育探路，探索教育规律，以行动创新。《致教师》不是经书，无须顶礼膜拜，而是平凡的脚手架，供人攀爬。

当下中国，"经书"过多，脚手架太少。原因也很简单：搭建脚手架比炮制"经书"艰难得多。

脚手架，要求作者的思想体系必须有完整而坚实的构架，同时又得放下自己的架子，努力接近读者，以成就他人为己任。

了悟这份用心的读者，只需沿着这《致教师》的脚手架去不断筑造，必然能够成功构建自我的教育大厦。

朱老师在完成初稿后，仍然反复打磨提纲，事后许久，我才体会到他用意之所在。

没有对作品这样的用心，不会有《致教师》的辉煌。

或许，新教育从客观上成就了朱永新老师。但是，朱老师以新教育为依托，从主观上唤醒、呵护、成就着无数一线教师。

新教育之新，在于它创造了无数成绩，也把一切成绩视为额外的奖赏。它没有成为"一将功成万骨枯"的名利场，而是成为理论和实践、研究和推广、学者和教师共同熬制的"石头汤"。

这正是新教育的魅力之所在，也成为《致教师》的吸引力之所在。

见证此书诞生的前前后后，感受到作者心怀对教师之善意，对一线教育之热爱，其创作打磨的过程本身，也正是书写着自我生命的篇章。

经师易得，人师难求。因为用心，所以永新。

（2016 年 12 月 20 日）

自由行动

尊敬的一丹奖评委：

我是中国的一名资深儿童文学作家，已出版文学专著 40 余部，也是一名经验比较丰富的教育公益人。

身为作家，对自由的需求比一般人更为强烈。因此，遇到新教育之前，我也曾受到不少公益机构的邀请，但我最终还是一直选择单枪匹马地行动。

2009 年夏，我参加了一次新教育实验的会议。我从第一次参会就被深深地吸引和打动了。从那时开始，我在新教育担任义工。在此期间，我完全免费地从事各类新教育工作，向新教育陆续捐款 200 余万元，亲自率领团队举办新教育公益活动 6000 多场。

我之所以能够在新教育实验这一中国最大的教育公益组织中留下，是因为我在以义工身份践行新教育的过程中，越来越深刻地领悟到新教育的特殊意义和重大差别。

是这样长期深度介入，使我成为一名特殊的新教育观察者、行动者与记录者。

正因如此，我郑重推荐朱永新先生作为 2018 年"一丹奖"教育发展奖候选人。

第一，新教育实验的公益本质已凝聚为广为传播的新教育精神。

毫无疑问，最初新教育打动我之处是它的公益属性。

以新教育的庞大规模，只需要对每所学校进行少量收费，就足以获取一大笔金钱。

但迄今为止，庞大的新教育实验区域和学校，都是以完全免费的方式汇聚的。就连实验学校门口所挂的招牌也是由新教育共同体的核心机构之一——新教育研究院自筹经费，进行制作与发放。

这种彻底的免费模式，无疑有着诸多弊端，尤其是造成了新教育的专业机构发展缓慢。但是，它所彰显的一种"只为教育而来"的纯粹，却在潜移默化中缔造了新教育共同体的价值观，从而在最大程度上吸引着视教育为理想的人们。

在长达18年的坚持耕耘中，新教育的公益模式，已经逐渐凝聚为一种精神上的力量，民间、官方互相辐射，乡村、城市交相辉映，并且，超越行业的壁垒，从教育界向全社会传播。

我见过河北省南和县段村学校的一位老师闫静科。她曾经只是一位普通的孩子妈妈，因为孩子程迅所在班级是一位从事新教育实验的老师，慢慢从亲子共读等活动逐渐了解了新教育实验。这位在当地原本正开办婚庆公司、经营超市的女性，放弃了这些收入更高的工作，于2016年9月走进学校担任了教师，她说："我要来体验过一种幸福完整的教育生活。"

这种精神，也就是朱永新先生提出的"行动的理想主义者"的精神。

这种精神力量的源头就是朱永新先生。

18年如一日，他无偿为新教育从事一切他所能从事的工作，他捐赠自己所有的讲课费和部分稿费，邀请、聘请各领域专家学者开展各类新教育工作。

在共事的过程中，我和无数新教育同仁一起，不下10次亲眼见证了他一天仅仅休息三四个小时，以惊人的毅力，完成极为繁重的新教育写作、演讲、会见、研讨等各种工作，仍然笑容敦厚，毫无怨言。

第二，新教育实验的体系建构，导致其不可估量的发展潜力。

新教育实验，早已超越了一般的、个别的教育理论探索，也已超越了简单的、普遍的教育行动实践。它从理论上，力图构架起立足于中华文明基础，融合各国教育之精彩，以教育搭建一座通往广阔世界的文明传承创新之桥；从行动上，始终致力于唤醒个人的自强，协助个体的自律，以个体影响群体，以个体行动倒推制度建设。

如此一来，新教育所建构和推动的，不仅是理论的研究与行动的落实，更是一个以全民教育、终身教育为特色的大教育体系的落成。

这是一种看似不可能的追求。

令人震撼的是，这样的追求在诸多实验区、实验校、实验班成为现实，取得了令人惊讶的成绩。

如早期就被新教育视为工作重心而推动的"新父母学校""构建数码社区"等，都在若干年后，在中国教育乃至世界教育的领域中，成为广泛进行的改革。

如新教育年度主报告，以每年一个教育主题的方式，围绕诸多根本问题，以信息时代为背景，从原点开始研究，其理论上的高瞻远瞩、实践上的细致可为，每年都会在理论界与教育一线，同时引起热烈的反响。

在这一恢宏的体系建构上，朱永新先生是当之无愧的引领者。

朱永新先生的教育专著被翻译为十余种文字，其代表作《朱永新教育作品集》16卷本被麦格劳希尔教育出版集团悉数翻译出版，其教育著作的国际影响力，是当代中国教育家中的第一人。

更让人感佩的是，无论是对十大行动的构建，还是对年度教育主题的研究，朱永新先生不仅直接为理论框架奠基，还努力为一线探索总结。他每年亲身奔赴百余所学校，他每年通过会议、网络、会见等各种方式，与数以百计的一线教师直接交流，他长期关注着一大批一线教师的网络教育记录……这些鲜活而丰富的一线实践，既成为他的研究对象，又成为他研究成果的第一批实践者。而他作为大学教授，因为这样的研究而深入基础教育阶段，悄然实现了学术上的自我超越。

无论是"底线＋榜样"的教育管理模式，或是"职业认同＋专业发展"的教师成长范式，还是各类易学、好教、高效的课程或项目，毫不夸张地说，新教育所取得的累累硕果，既是不同岗位上的新教育一线工作者的辛勤耕耘，更是朱永新先生以每天凌晨5：30起床、全年从无节假日的全情投入，以精神的力量感召众人，以携手的方式引领众人，最终共同创造出奇迹。

第三，新教育实验的可复制性，证实了发展广度的无限。

任何教育理论与实践都是在具体而细微的探索中试图解决普遍存在的问题。可复制性意味着发展的广度。

新教育具有可复制性，因为它的行动路径鲜明。

朱永新先生从新教育启动的最初，就鲜明提出"行动，就有收获"的宗旨。这一行动哲学奠定了新教育的基础，甚至成为新教育的灵魂。18年来，无数的新教育成功案例，都是从行动开始，以行动提高，也以新的行动作为目标。每一次或大或小的行动，都注定了或多或少的改变与收获。以现实生活中的教育案例，推动更多人积极主动地模仿，这是一种最为简单从而最为方便的复制方法。

新教育具有可复制性，因为它的研究体系完备。

只要积极投身新教育,无论是群体还是个人,无论从教育中的哪一点进入,都可以通过这一切口,找到自己所想寻觅的路径。从新教育十大行动,到新教育五大课程,随着新教育研究的进一步深入,新教育的这种可复制性将会更强。

新教育具有可复制性,因为人本精神是其核心。

新教育明确提出整体实验是"以教师成长为起点"。这一核心让新教育的诸多理论从管理、到研究、到践行,形成一个正向激励的循环。每一个真正从事新教育的人,都可以感受到自己的个性被尊重,能够在新教育的框架体系内得到最大的尊重和最大的支持。

以新教育诗歌课程举例。每一位新教育老师都可以得到反复锤炼的诗词教材,同时能够得到阅读法的指导。这样双管齐下,让同一首诗有着不同的读法,产生不同的效果。每一个新教育孩子在自己生日时,能够得到老师为自己改编的、仅仅属于自己的生日诗,而这一举动同时还激发出无数为学生写诗的老师……

这样的复制性带着强烈的生命本征,以摧枯拉朽的力量冲击着固有的工业时代下的教育,让新教育的探索向信息时代的个性化教育迈出了坚实的一步。

第四,新教育实验的特殊性更能凸显"一丹奖"的价值。

中国的教育改革是全人类生存与发展之中不可或缺的重要一环。无论是环境还是经济,人类的发展正在越来越紧密地与日新月异的科技捆绑在一起,成为一个事实上的共同体。

如何通过教育改革,推动文明的进程,推动社会的发展,推动东西方文化的融合,是当下中国教育改革承担的特殊使命。

从某种意义来说,新教育实验这一类的教育改革创新,是中国这个古老的国家发展到一定程度的必然结果。只是在这一历史进程之中,新教育实验因其必然和偶然,成为其中的一个重要枢纽。朱永新先生带领的这一群开拓者,承担起了这个使命。

我希望,评委会能将"一丹教育发展奖"颁发给朱永新先生,颁发给新教育实验。

不仅因为当下的朱永新先生和新教育实验,已经以足够实力证明自身足以获得这个奖项。也因为我深知,无论朱永新先生还是新教育实验,都处于最好的探索状态之中,这一"教育发展奖"的颁发,必然为下一步的新教育发展助力。

而且我更认为,一个好的奖项是与获奖者互相佐证、互相成就的,朱永新先生和新教育共同体都会以"一丹奖"为荣,而"一丹奖"也将以中国新教育实验为荣。

正如人类文明的发展、转型社会的改良、中国教育的改革,终将以中国新教育实验、中国新教育人、中国教育家朱永新先生为荣一样。

(2018年3月)

当教育和生活融为一体

如果说，一千个读者心中有一千个哈姆雷特，那么，一千个人心中可能有一万种新教育。

新教育实验，不仅作为一种教育研究，还作为一种新的生活方式，把教育和生活融为一体。在这样的背景下，教师、学生乃至学生父母，都以一种自我教育的方式，更为幸福地生活，同时也让教育在潜滋暗长中悄然发生。

这一切的开创者，是新教育实验发起人朱永新老师。

1. 可持续发展

教育是百年大计。每一种教育探索是否可持续发展，是教育研究的一项重要指标。

朱老师先后发起或联合发起成立了三个重要机构，这三个机构自身的持续发展成为推动教育改革的重要动力，三个机构所从事的各项可持续发展的教育研究推广项目，也逐渐成为有着一流影响力的教育项目。

第一，朱老师联合发起成立了中国民间最有影响力的智库——21世纪教育发展研究院。该机构旨在聚集民间智慧、建言教育时政、影响教育决策、推动教育改革实践。

第二，朱老师联合发起建立了中国跨学科的教育论坛——中国教育30人论坛。该论坛以跨界为特色，吸引了与教育相关的各个行业的领军人物加入，各项重要议题都在全社会产生了广泛影响，引领和普及着教育科学的传播。

第三，朱老师发起了中国规模最大的民间教育改革实验——新教育实验。它是一个由多个公益组织形成的集合体，其实验内容是以"过一种幸福完整的教育生活"为宗旨，以推广阅读为基础性、根本性工作，通过"营造书香校园""师生共写随笔""聆听窗外声音""培养卓越口才""构筑理想课堂""建设数码社区""研发卓越课程""缔造完美教室""推进每月一事""家校合作共育"十大行动，从不同层面进行立体的综合推动。

新教育实验从 1999 年萌芽，2000 年正式启动，截至 2016 年 7 月，全国新教育实验有地市级实验区 10 个、县级实验区 113 个、实验学校 2948 所，共有 320 多万师生参与其中。

这些年来，新教育实验以资助贫困地区进行童书馆等硬件建设、协助薄弱地区进行阅读为行动规划在中国大陆捐建了 180 余所童书馆，并协助当地建立起"图书漂流"机制，促使图书资源在一定区域内得到最大程度的利用。

新教育实验进行听读绘说、阶梯阅读、教师阅读、家校共育、口头作文等多种教育项目的研发与推广，每年为 3 万人次以上一线教师、教育工作者开展各类培训，已经培养特级教师 100 余位、知名阅读推广人 30 余位。

新教育实验发展十几年来，经过了实验初创期（1999 年 9 月至 2002 年 9 月）用理想和激情点燃、用理念和思想引领的阶段，经过了实验探索期（2002 年 9 月至 2013 年 7 月）用项目和课程推动、用培训和现场拓展的阶段，进入实验深化期（2013 年 7 月至今），系统研发新教育课程，丰富完善理论构架。

在三个历史时期，朱老师一方面奔走于全国各地，四处进行宣讲和传播，另一方面带领团队，不断深入研究。他把教育理想落实到一节节课堂、一个个班级、一所所学校。正如中国人民大学教育学院教授程方平说，"新教育实验不仅是先进理念与实践的结合、与师生实际的结合，更是教育理想从书斋走向现实的成功产物"。原中国教育学会副会长、江苏情境教育研究所所长李吉林说，"新教育在某种程度上是解放学生、解放老师的教育"。

2. 未来教育的贡献

得益于生活阅历的丰富，朱老师在教育发展上视野宽广，目光长远，一直引领着中国教育的发展方向。

在阅读还不为大众所知时，朱老师就致力于推动全民阅读。从 1995 年开始，他组织了一批专家学者共同研制书目。2000 年新教育实验启动时，就率先提出"营造书香校园"。其后又于 2010 年成立新阅读研究所，推出"中国人基础阅读书目""中小学生学科阅读书目""大学生研究书目"等针对不同群体、具有不同目标的系列书目研制。

已研制出的书目，因其专业性、公信力，受到社会的广泛赞誉。

朱老师于 2003 年率先提出"6+1"行动，即新教育当时的六大行动之外，加上"新父母学校"的项目。通过推动"新父母学校"，新教育实验学校不仅对学生父母进行了家庭教育，而且改良了教育生态，为学校教育的改革创造了良好环境。2011 年，新教育实验又成立了新父母研究所，将家校共读、新父母大讲堂等一系列项目进一步深入推进，5 年中开展各类活动 5000 多场，参与者达 700 余万人次。

在网络还未被教育利用时，朱老师就于 2002 年提出"建设数码社区"作为新教育实验的行动之一，从昆山玉峰实验学校开始推进。其后，"新教育实验网络师范学院""新阅读读书会""新教育实验项目网络培训群""新父母晨诵"等不同项目，均由网络与现实互动，取得了良好的效果。其中，"新父母晨诵"5 年中阅读浏览量为 2 亿人次以上。

在中国乡村教育陷入困境的时候，朱老师提出整合课程推动乡村教育的系列做法。在乡村教师数量不足、艺术教师普遍缺少的情况下，新教育实验以晨诵、听读绘说、口头作文、电影课、生命课程等系列项目，将课程研发为综合课程，比如一门晨诵课程，就融合了中国优秀传统文化课程、诗词课程等；比如生命课程，就把目前中小学的安全、健康、性教育、心理教育、生涯教育等很多相关课程整合为一门课程，为一线教师减轻压力，同时为乡村儿童送去更为丰富生动的课程，对中国的乡村教育发挥了重要影响。

从 2015 年底起，朱老师关注未来教育，创作了《创新教育才能创造未来》《未来学校的 15 种变革可能》等一系列文章，阐释信息时代对教育的影响。朱老师提出未来的学校会变为学习共同体，并由众多网络学习中心与实体学习中心共同构成一个学习社区，而学习中心是具有区域文化与个性特色的一个个学习机构，未来学习共同体的学习时间会发生一个根本性的变化；教师来源与角色也有很大的变化，教师将成为学生的成长伙伴；家庭在未来学习共同体中将发挥更大的作用等一系列观点，为未来教育再一次勾勒出理想的蓝图。

3. 教育改革的贡献

朱老师认为：中国教育虽然有一些弊端，但仅仅靠怒目金刚式的斥责和鞭挞是无济于事的。对于中国教育而言，最需要的是行动与建设。朱老师以行动与建设来推动中国教育真正深刻持久地改变，也真正重构中国好教育。

朱老师先后在三个岗位上，用不同的职务身份，全力推进教育改革。

1993年至1997年，朱老师成为苏州大学的教务处长，成为当时中国最年轻的综合大学教务处长。在此期间，先后推出了激励性主辅修制、学分制、大学必读书目制、文科实验班、理科强化班，使苏州大学教学质量有了明显提升，成为全国优秀教务处。

1997年至2007年，朱老师成为苏州市政府分管教育的副市长。在担任副市长期间，率先在中国推出了义务教育全免费、苏州市阅读节、农村村小现代化工程、名师名校长培养过程、教育信息化行动计划等一系列改革，被誉为"中国学教育、懂教育、管教育的市长第一人"。

2007年至2016年，朱老师担任中国民主促进会中央委员会副主席，先后担任全国人大常委会委员和政协常委会委员，为国家教育改革建言献策，先后提出了100条重要提案与建议案，著有《给中国教育的100条建议》，该书荣获2011年度大众喜爱的50种好书。

朱老师亲自带队组织研制了中国第一套系统的阅读书目《中国幼儿基础阅读书目》《中国小学生基础阅读书目》《中国初中生基础阅读书目》《中国高中生基础阅读书目》《中国大学生基础阅读书目》《中国教师基础阅读书目》《中国父母基础阅读书目》《中国公务员基础阅读书目》《中国企业家基础阅读书目》，联合400余家民间阅读推广组织成立了"领读者联盟"。目前正在领导研制中国学科阅读书目。被聘请为国家全民阅读形象代言人。

一方面深入实践，另一方面笔耕不辍，朱老师用文章记录和传播，用理念和思想引领，不断唤醒教师的生命激情和教育梦想。

2000年，朱老师出版了《我的教育理想》一书，比较系统地提出理想教育的一系列目标，用远大的教育理念深入探寻未来教育的理想和理想的教育。这本书点燃了很多教师对于教育的激情，被专家学者及广大教师举荐为教师、校长、教育工作者必读的名著，也成为新教育思想的诞生标识。其后所出版的《我的阅读观》《致教师》等一批畅销著作，总印次超过70次，总销量达到60余万册。朱老师是中国教育理论著作影响最大的教育家。

此外，朱老师写作出版的16卷《朱永新教育作品集》，被世界上较大的教育出版集团麦格劳希尔教育出版公司全部翻译成为英文向全球发行，同时被翻译为法、日、韩、阿拉伯、蒙古等十余种语言，朱老师是中国输出海外版权最多的教育家。

4. 教育创新

在教育的研究形式上、教师成长理论上、本土课程研发上、教育管理模式上，朱老师都进行了大胆的创新。

在教育研究形式上，朱老师坚持理论实践双向互动的方法。他认为，在教育领域内产生真正有影响力的变革，不仅需要自上而下的理念引领、制度规范，同时也需要自下而上的来自民间的力量。自上而下的改革，往往会导致基层的教育工作者用形式主义对付上层的官僚主义。很多改革之所以没有深入、没有坚持，很大程度上源于这些教育改革并没有得到一线教师的认同与理解。如果没有一线教师的认同与理解，教育变革都是走不远的。

朱老师带领着新教育走到今天，正因为他坚持民间的力量推动，坚持深入一线进行教育研究立场，能够得到一线教师真正的认同与理解，又从一线不断提炼总结，继续探索研究。他不是拿着一套现成的理论、拿出现成的工具让一线教师去做，而是与一线教师一起探索，共同生成一条路。一线教师从事教育科研最大的优势，是拥有丰富的鲜活的教育案例；而对他们来说，记载、整理和思考自己的教育案例，就是最好的教育科研。这些内容经过朱老师理论的梳理归纳，理念的总结提炼，不仅积累了丰富经验，而且创造了很多好的做法，成为既有理论高度，又具有可操作、可复制、可推广、可持续的特征的行动指南。

在教师成长理论上，朱老师提出了"职业认同＋专业发展"的教师成长模式。他发起的新教育实验，一开始就把教师成长作为实验的出发点，逐渐摸索出将教师专业发展细化为"专业阅读＋专业写作＋专业交往"的"三专"模式。先后培育新教育网络师范学院学员 2000 多人，种子教师 900 多人，萤火虫义工 400 多人，因其受益的教师、学生、家长不计其数。新教育实验唤醒和改变了无数教师的职业态度，促进了他们的专业成长，并获得了自己的教育幸福。在中国权威教育报纸《中国教育报》自 2004 年启动的"推动读书十大人物"的评选活动中，每一年都有 1 至 3 位新教育教师入选。

在本土课程研发上，新教育实验特别倡导师生共同过一种幸福完整的教育生活，强调学生的成功体验，强调学生个性发展，注重特色教育。2013 年 7 月，以"研发卓越课程"为主题的新教育实验第十三届研讨会在浙江萧山举行，提出了新教育实验的课程体系框架，即在新生命课程的基础上，建构新公民课程、新艺术课程、新智识课程，并以特色课程为补充。这些课程的践行，深刻推动了新教育实验区的深入发展。如"新教育实验让日照孩子幸福学习"被评为 2011 年中国日照市"十大民生新闻"，如新教育随县实验区，是一个经济欠发达县，在全面开展新教育实验 5 年之后，教育质量全面提升，在随州市以"质量"为核心的综合考评中，23 所学校进入全市综合考评前 30 位，14 所学校进入前 20 位，7 所学校进入前 10 位，从侧面印证了新教育实验各项课程的成绩。

在教育管理模式上，朱老师提出了"底线＋榜样"的管理模式。新教育永不表扬达到了底线的人与事，它甚至极少直接批评没达到底线的人与事，不将目光与精力耗费在消极的因素上，而只是毫不吝惜言辞与诚意，去表扬榜样，言说榜样——当然，是呈现榜样的故事、榜样的细节，而不是笼统地说某人是榜样。如有新教育学校的底线则是要求老师每个月都要读一本书。很多教师过去从来没有接触过这些美好的东西，一旦接触了就会发觉读书真的很好，真的对教学有用，所以他们就会慢慢去读了。这样从底线中慢慢产生榜样，用这些榜样的故事再来言说，再来教育大家，这样延续榜样的过程带动了更多的人，逐步把底线提高，让更多的老师体验阅读。在这样的管理中，真切影响教师开展自我教育，从而实现本质上的改变。

（2017 年 3 月）

阅读浸润童年的精神原野

朱永新老师是新教育实验发起人。自1999年萌芽，2000年以《我的教育理想》为标志启动的新教育实验，已经成为中国民间教育改革的一面旗帜。

其实，比发起新教育实验还要早4年的1995年，朱老师就已经启动了另一个改革。这件事，与教育有同有异，互相编织，互相促进，那就是阅读。

1

朱老师著有《朱永新教育作品集》16卷，主要包括《中国古代教育思想史》《中国现代教育思想史》《中国当代教育思想史》《我的教育理想》《走在新教育路上》《写在新教育边上》《新教育讲演录》《新教育访谈录》等，每本书中都有大量关于阅读的内容。

关于阅读方面的专著，朱老师也出版了多部——《我的阅读观》《改变，从阅读开始》《书香，也醉人》《有书香才有故乡》，等等。

2012年至今，美国麦格劳希尔教育集团引进了《我的阅读观》等17本著作翻译为英文。目前，相关著作已经被翻译为英、法、德、俄、西班牙、韩、日、阿拉伯、哈萨克斯坦、蒙古、尼泊尔等24种语言，输出版权。

阅读，是教育和文化的一个奇妙的结合点。我们可以将它称为大教育。朱老师在推动阅读中，对于儿童阅读有着长期推动。

朱老师从1995年为儿童研制阅读书目开始，进行了长达20多年的阅读研究与推广的公益工作。

他个人参加的所有阅读推广活动全部都是公益服务。为了更好地推进阅读教育，他先后推动成立了多家民间公益机构：2002年成立了新教育研究院，2010年成立了新教育基金会（江苏昌明教育基金会），2010年他创办了专业的阅读研究和推广机构——新阅读研究所。他向这些机构先后捐赠个人稿费、讲课酬劳共计210多万元，亲自领衔其中的学术研究工作，带头参加其中的公益推广工作。除此之外，他通过本职工作，向国家相关机构直接提出各类倡导阅读的提案，从国家政策层面关注、推动儿童阅读。

通过朱老师的长期努力，他不仅激励、培养了大量阅读推广人，在全国各地都有他带领团队培养的乡村教师担任着阅读推广人，推进乡村阅读工作，而且他的工作具有较强的可复制性，通过帮助学校开展儿童、教师、父母的综合阅读课程，推动书香校园建设。此类学校从2002年的第一所，发展到今天已有4200多所，其中约80%都是乡村学校。已经遍布于中国除了香港、台湾、澳门以外的所有地区。

朱老师特别注意阅读推广的普惠性，特别关注弱势儿童和偏远地区。他亲自参加《盲人中、小学生无障碍阅读工程》的研究，为视力障碍者研发了中国第一套听力阅读教材。在偏远地区，如中国新疆维吾尔自治区奎屯市，因为他率领的团队的帮助，全市儿童阅读蔚然成风，当地15岁的新疆奎屯少年塞甫丁·哈斯木拜荣获中国影响力最大的电视台——中央电视台评选的全国十大读书少年。

朱老师注重把一线创造的好经验上升总结为理论，不断进行富有创造性的探索。他带领团队选编各类阅读指导图书，在"新阅读文库""新教育文库"出版有近百部相关著作。

2

推动阅读，是一件滴水穿石的事务，朱老师体现出持久的柔韧力。

中国有着大量需要通过阅读提升文化素养、提高精神生活品质的人群，但是，虽然中国有重视教育的传统，却因为"科举制度"的影响，在阅读上，人们普遍重视可以直接提升考试成绩的教材，忽视日常生活中的真正阅读；在出版上，在过去的20年里，中国少儿出版以每年15%的速度快速发展，2018年统计每年新出少儿图书近5万种，过多的数量造成选择的困难；步入21世纪以来，中国的网络发展特别迅猛，却给儿童阅读造成了致命的影响。这一切都给中国儿童阅读的研究和推广造成了格外大的压力。

在这样的背景下，朱老师从在大学里从事阅读研究起步，发现了基础教育阶段儿童阅读的特殊性和重要性，到发起新教育实验，深入中小学校推动儿童阅读，到呼吁和建议，影响国家全民阅读相关政策的制定，再到创办多个民间公益机构，专业研究推动阅读。他不仅四处宣讲，身体力行地推动儿童阅读，持续了26年，还陆续将自己的稿费、讲课酬劳，共计210多万元，持续捐赠给阅读研究、推广事业，多管齐下地推进儿童阅读。

早在1993年担任苏州大学教务处长开始，朱老师就推出了苏州大学学生必读书计划。其后，朱老师于1995年组织专家学者，开始研制中国第一个中小学生书目——《新世纪教育文库》。这套书目包括小学生、中学生、大学生、教师、父母等群体，为每个群体阅读推荐书目100种，对中国儿童阅读产生了积极而广泛的影响。

1999年，新教育实验在一所只有四间平房的乡村学校——江苏常州武进湖塘桥中心小学萌芽，就因朱老师推动这所小学的教师阅读和儿童阅读而起。现已退休的原小学校长奚亚英至今记得，朱老师作为大学教授、苏州市副市长，每隔一段时间就来这所小学开展讲座，以推动阅读为抓手开展教育改革，从不收讲课费，也只吃盒饭，反反复复强调不让学校接待，"有吃一顿饭的钱，就足够给孩子们买很多书了"。

2000年，苏州昆山玉峰实验学校成为新教育实验的第一所正式挂牌实验学校。朱老师是新教育实验发起人。新教育实验是一项规模浩大的教育改革行动，以教师成长为起点、推动阅读为抓手。当时，朱老师为新教育实验制订的核心内容是"新教育六大行动"，其中，"营造书香校园"行动居于首位。如何推进儿童阅读，是新教育实验研究和推广的重中之重。

2003年，朱老师当选为全国政协委员。在这一年的两会上，他正式提出了建立国家阅读节的提案。同时提出了阅读的几个主要主张。从2003年两会开始，一直到2019年，他每一年都向国家提交推动阅读，尤其是推动儿童阅读的提案——建立"国家阅读节"，把全民阅读作为国家战略，把农家书屋建在乡村小学，为乡村教师提供阅读课程和培训……连续十几年，朱老师向国家直接提出了几十个关于阅读的提案建议，其中大部分都直接推动着儿童阅读。

3

如此日复一日积土成山的工作，造就了朱老师广泛而深刻的影响力。

在中国，无论在民间的影响力，还是对政府的影响力上，朱老师都是儿童阅读推广中的佼佼者，在中国被誉为"阅读推广第一人"。

在网络传播的影响力上，朱老师有着影响力很大的个人自媒体，仅仅新浪网站和腾讯网站的个人微博、头条的个人主页，他共计有 900 多万听众。2018 年 3 月，他的一个教育短视频点击量就达 6.7 亿人次。他充分运用自媒体的优势，积极推广儿童阅读，每天早晨都发布《童书过眼录》《新父母晨诵》等，迄今亲自阅读并撰文介绍的儿童图书已达 2000 余种，网民阅读浏览总量不计其数。

在中国的影响力上，朱老师积极推进国家决策，不仅自己每年向国家相关部门撰写提案建议，为阅读鼓与呼，还和一群热爱阅读的委员代表联名建议，共同呼吁。借由他和同好们的推动，中国政府对阅读的工作越来越重视。《国家政府工作报告》从 2013 年开始，正式把"倡导全民阅读"写进报告之中，国家制定的《全民阅读促进条例》也正式颁布，极大地推动了中国儿童阅读的有序发展。

在阅读研究上，朱老师率领新教育团队深入研究探索，写作并发表了数千篇关于儿童阅读的文章，主编、写作、撰写了数百部关于儿童阅读的图书。朱老师自己更是勤于研究与写作，发表和出版了许多优秀的文章与著作，推动了儿童阅读的社会化和科学化。比如《人民日报》在 2012 年 1 月用罕见的大篇幅，发表朱老师的近万字长文《改变，从阅读开始》，2015 年又罕见地接连推出 4 篇朱老师谈阅读的文章。朱老师研究阅读的《我的阅读观》《书香，也醉人》等专著，以大量篇幅倡导和指导儿童阅读的《我的教育理想》《致教师》《朱老师教育小语》《中国新教育》等著作，受到读者的广泛欢迎，在中国畅销累计 100 多万册。

在现实推进中，新教育实验是以中小学校为主体的教育改革，朱老师长期耕耘，已经有着 4200 多所学校，有着 450 万学生、50 万教师的规模，在全世界范围内，如此规模的民间教育改革，屈指可数。在这些学校中，有一个最大的共同特点就是对儿童阅读的高度重视。除此之外，还有大量学校受其影响，并未正式挂实验学校之牌，但以新教育理念推动阅读。

2000 年，在朱老师提出"营造书香校园"这一概念，将中小学作为儿童阅读推广的突破口时，"书香校园"还是一个鲜为人知的新鲜词汇。经过他和新教育团队十余年的共同努力，如今"书香校园"已经成为中国学校里最流行的词组之一。新教育推广亲子共读、师生共读的理念和方法，把9月28日孔子诞辰日作为阅读节的倡议，在近一百个城市的数千所学校得到了响应。

鉴于朱老师在阅读推广中的巨大影响力，他也荣获了许多荣誉。比如，朱老师被中国新闻出版总署聘请为国家全民阅读形象大使，由柳斌杰署长亲自颁发聘书。比如，2012年底，《中国新闻出版报》评选了4个推动阅读的年度机构和年度人物。朱老师创办并担任荣誉所长的新阅读研究所和朱老师本人双双荣获年度大奖。给朱老师的颁奖词中写道："从央视全民阅读晚会现场到全民阅读形象代言人，到以一己之力推动新阅读的朱老师怀着激情、循着理想行走在新教育实验和阅读推广的道路上。通过倡导'晨诵、午读、暮醒'的阅读生活方式，他使中国教育充满活力。毋庸置疑的是，在过去的10年里，朱老师一直站立在中国阅读推广的精神之巅。"

在国际上，朱老师的影响力也在持续扩大。

朱老师应邀到多个国家举办讲座。在这些演讲中，儿童阅读、亲子阅读、师生共读等，都是重要内容。比如：

2009年3月16日，在韩国全北大学做"过一种幸福完整的教育生活——新教育实验的理论与实践"的讲演。

2010年8月8日，在美国麻州大学波士顿分校做"中国新教育实验"的讲演。

2016年4月22日，在麻省理工学院首届中美教育高峰论坛做"迎接教育大变革的新时代"主题讲演。

2016年4月23日，在哈佛大学教育学院中国教育论坛做"过一种幸福完整的教育生活"开幕讲演。

对于朱老师以推动阅读为首要任务的教育探索，世界各国的专家学者也给予了高度好评。

韩国前教育部部长、国立首尔大学荣誉教授文龙鳞说："朱教授呼吁各项改革的共同目标是促进学生个体发展，提高人才竞争力，加快教育民主化进程……其卓越思想和深刻见解如同黑夜里的闪电一样。合上朱教授的专著，我眼前浮现出中国古典名著《三国演义》中的一个著名的英雄人物，作为一位军事家，他以学识、智慧和感知力运筹帷幄、决胜千里，知己知彼、百战不殆。朱教授和这位军事家的剪影在我眼前重合。朱教授就像一位战略家，在对14亿中国人进行开发，如何培养他们、激发内在的潜能并加以合理地分配利用。"

英国剑桥大学国王学院终身院士艾伦　麦克法兰说:"朱教授是我见到的在世界范围内并不多见的知行合一的教育家,他对于未来教育的变革有着系统深入的思考,并且朝着他设计的未来教育蓝图孜孜不倦地前行。他的理论高度和实践深度,在当今世界都是出类拔萃的。"

美国迈阿密大学原亚洲、亚——美学科部主任,黄全愈博士说:"他是一个'引领变革者',是因为他在中国所从事的正是'引领教育机制产生变革、创造美好未来'的'具远见、富创新精神、具改革能力、具可持续性'的伟大事业。"

日本学习院大学教授诹访哲郎曾经在《沸腾的中国教育改革》(日文版)中评价朱老师发起的新教育实验:"新教育的理念,是通过倡导阅读,开拓学生的思想和视野,从而改变中国教育。新教育实验反对单方面的知识灌输,提出让孩子多读书,师生共写随笔,体现教育的快乐和本真。该运动以新教育理念为核心,以互联网和教育在线网站为沟通平台,在短短数年中便吸引了几百所中小学加盟其中。在新教育实验团队和他们的数百所加盟学校的共同努力下,这项实验运动正在成为中国教育改革的引领者之一。"

IBBY主席张明舟先生曾经评价说:"放眼当代全球,能够在阅读推广领域拥有如此之高的教育理论水平和理论研究成果的,没有第二位。朱先生关于阅读有很多代表作品,如《改变,从阅读开始》《我的阅读观》《书香,也醉人》等,他关于阅读和教育的著作已经被翻译为多种语言输出版权。放眼当代全球,能够在教育领域,以阅读为切入口,深度参与并深刻影响教育发展的教育家也绝无仅有。"

4

独木不成林,朱老师特别重视合作,他鼓舞激励着一群又一群人。

朱老师个人的成长,是阅读之力量的最好说明。在他的童年时期,处于图书极度匮乏的阶段,他只能通过担任小学教师的父亲及向往来客人"借书",完成儿童阅读。直到大学时期,他才通过成天泡在图书馆里,疯狂补上了阅读这一课。因为勤于阅读和写作,朱老师从大学留校任教,到担任教授,直到被上级调入政府部门工作,他也是通过阅读完成工作能力的转型与提升的,发起新教育实验后,更是在深入研究中,自己每年都要阅读一百多部教育著作、两百多部童书,始终把推动阅读放在首位……

朱老师的阅读经历和人生经历，互相辉映，鼓舞着许多老师热爱阅读、推动阅读、帮助儿童学会阅读，成长为优秀的阅读推广人。

朱老师发起的新教育实验，以阅读为核心和抓手，激励、团结广大教育工作者和广大父母，深刻影响了中国这个发展中国家的儿童阅读的推广，极大地推动了中国儿童阅读的发展，改变了成千上万儿童的命运。由于中国自身发展的多样性，这一探索的成功，也将为世界各国，特别是广大发展中国家和地区推动儿童阅读的问题，乃至跨越贫富差距、解决教育不公的难题，提供了一个可资借鉴、可以复制的优良模式。

朱老师通过他亲自创办的新阅读研究所凝聚了一大批中国阅读推广人。他领衔创建的中国领读者联盟吸引了400余家各类阅读推广机构参加，连续3年召开会议，交流阅读推广的经验。新阅读研究所建立的网络读书会汇聚有近10万读者；成立的亲子阅读工作站遍及中国的50多个城市和乡村，举办了8000多场各种各样的阅读推广公益活动；新阅读研究院举办了数十场"领读者"培训，长期跟进培养优秀的阅读推广人。

除此之外，朱老师本人每年都要亲自参加30场左右的阅读推广活动，帮助阅读推广人、协助阅读推广机构成长。他参加各类阅读推广活动，要么拒绝收取劳务费用，要么将费用全部捐赠给新教育基金会，投入进一步的公益活动之中。

因此，朱老师所带领的新教育团队中，出现了一大批杰出的阅读推广人。以中国教育最权威的《中国教育报》为例，该报每年面向全国教师评选"全国推动读书十大人物"，每一年都有1至3位新教育团队成员获此殊荣。这些获奖者以中小学教师为主，许多都来自山区等偏远地区、经济欠发达地区。这些中小学教师通过推动阅读，让儿童得到了惊人的成长，也让自己收获了意外的奖项，他们所产生的榜样激励作用，不仅让自己的学生受益，还形成了一个良好的儿童阅读生态，出现许多"一位阅读推广人影响一个地区"的事例，改变了更多人。

5

阅读易入门，难精深。朱老师的推广以课程为抓手，体现出独特的创造性。

朱老师在儿童阅读推广方面，独创了一套理念、理论、方法和推广方式，已经形成了一套基本完整的体系。

在阅读理念上，朱老师归纳提出的"一个人的精神发育史就是他的阅读史，一个民族的精神境界取决于这个民族的阅读水平，一个没有阅读的学校永远也不可能有真正的教育，一个书香充盈的城市才能成为真正的家园"，体现出阅读中个体到群体的关系，成为中国脍炙人口的阅读名言之一。

在这一理念上，朱老师完成了"共读共写共同生活"的阅读理论建构，形成了以自主阅读和共同阅读互相促进的阅读范式。这一范式，尤其对儿童的阅读生活，产生了极其重要的推进作用，促使儿童在自主阅读中独立思考、发挥个性，在共同阅读中互相理解、求同存异，把儿童阅读的功效推到了新的高度。在阅读推广过程中，从"为什么读"，到"读什么"，再到"怎么读"的问题。

具体的儿童阅读方法，更是朱老师率领新教育实验团队研究的重点对象。在这 20 多年中，形成了诸多具有创造性又易于复制推广的阅读成果。

首先，为了解决"读什么"，朱老师亲自带队，完成多种类别的儿童阅读书目的研制和修订。基于中国每年出版 40 万种图书、每年新出版的童书多达 5 万种的情况，父母为孩子选书，教师为学生选书，都非常不容易。朱老师从 1995 年开始研制书目，为儿童阅读奠基。历时 6 年，已经顺利完成 0 至 18 岁的儿童基础阅读书目的研制和发布。

2016 年开始，朱老师组建团队，主持研究中国历史上第一个《中国中小学学科阅读书目》，研制中小学所有的学科的教师、学生的基础阅读书目，完成儿童阅读不同年龄、不同学科的全套书目研发。

2019 年开始，朱老师主持并启动中国历史上第一个《中国人学科研究基础书目》，对一百多个一级学科，如天文、哲学等进行书目的筛选。

这三大系列书目在研发完成后，每 3 年进行一次修订完善工作。这不仅为儿童阅读奠定了非常重要的基础，而且形成了由浅入深的阅读梯次，为儿童阅读的后续发展提供了有效的支持。

其次，为了解决"怎么读"的问题，朱老师和他的新教育团队不断进取，探索出了诸多寓教于乐、轻松高效的阅读方法。由朱老师创办并担任研发专家的新阅读研究所，作为阅读研究推广专业机构，长期致力于探索创造更多的阅读方法，以整合课程的本质，采用课堂教学、课外活动等多种形式，在家庭、学校、社会上都可以使用。

这些探索，不仅拓展了阅读的外延，也改变了教育工作中的许多弊端，更挖掘了儿童在自我教育上的潜力。

如"经典共读戏剧课程"，该课程建立在老师和儿童共同阅读的基础上，后续对所阅读的童书进行共同编剧、竞选排练、共同演出。这一课程充分挖掘了儿童读物的底蕴，让不同性格、不同爱好的儿童能够从同一本儿童读物中获得自己的不同乐趣，并且在改编剧本、竞选角色、戏剧演出中进行深度思考，充分汲取优秀经典读物中的精神养分。

如"乡村特色阅读课程"，该课程充分考虑在不同环境下，不同读者的阅读背景不同，以对多元文化的保护和激发为目标，协助乡村教师立足当地文化，为乡村教师提供免费的长期跟进指导，鼓励教师带领儿童围绕当地的文化特色进行图书的选择和阅读，进行后期的研讨和创作。

如"童书电影课程"，该课程充分运用电影为媒介，让不喜欢阅读的儿童通过电影喜欢上阅读，让热爱阅读的儿童通过童书与相关电影的比较，进行理解、分析、独立思考，同时通过系列的问题设计与回答，为教师、父母指导儿童提供参考。

如"图画书阶梯阅读课程"，该课程充分挖掘图画书在美育上的内涵和优势，为不同年龄的儿童选择不同的图画书，为教师配备相应的指导课程，特别适合在偏僻地区进行教学，也成为不同年龄的儿童激发阅读兴趣的入门阅读活动。

朱老师在亲自带队研发儿童阅读课程的同时，还致力于推进以各种活动激发阅读乐趣、深化阅读效果、强化阅读时效。比如"新教育诗会"，该活动融合大声诵读和诗歌写作为一体，深受师生喜爱；比如"儿童阅读校园（家庭）整体方案"，该方案以一所学校或一个家庭为单位，从不同年龄儿童、教师、父母所阅读图书的选择，到阅读课程的辅导，到后期阅读成果的反馈，都专业、规范、容易操作，深受信赖。

6

新阅读研究所正式成立于2010年。

这些年来，朱老师带领着新阅读研究所推动了数不胜数的阅读研究项目和推广活动：

营造书香校园。该项目是新教育实验的十大行动之首，也是最为成熟的儿童阅读项目，在4200所实验学校均有不同程度的实施，惠及儿童近500万人。

新父母学校。该项目从2003年开始实施，以新教育实验学校为依托，以家教讲座和亲子阅读为抓手。不仅帮助数十万儿童从此生活在书香家庭之中，而且在此过程中，许多深受其益的父母，都成为优秀的阅读推广人。

萤火虫亲子阅读工作站。该项目从2011年建立了50多个城乡工作站。该项目立足教室，辐射社会，以免费培养优秀的阅读教师为起点，协助阅读教师带领父母和孩子开展阅读活动。因其活动品质高、阅读效果好、坚持完全免费、城乡均可推广，许多地区如河南焦作、浙江温州、内蒙古宁城等地的萤火虫亲子工作站，都被当地图书馆邀请成为驻图书馆的公益项目，在全社会形成了良好反响。

领读者培训。该项目从2014年开始，致力于以系统的阅读课程，分梯次培养有高度专业素养的阅读推广人。在江苏省、山东省、河南省、北京市等地，举办培训十余场，培训各级别的阅读推广人2000余位。

2017年7月，北京大学出版社出版了美国教育学博士、实证研究专家叶仁敏主编的《行动的力量——新教育实验实证研究》一书。在该书对新教育实验开展的10项调查研究中，有6项是对阅读的研究，分别为：第3章"新教育学生阅读习惯和类型的调查与分析"、第4章"新教育阅读课投入之研究"、第5章"新教育学生'阅读兴趣'的调查与分析"、第6章"新教育对小学生阅读效能感影响的实证研究"、第7章"新教育对学生阅读动机影响的实证研究"、第10章"新教育学生语文阅读能力的调查与比较"。

《行动的力量——新教育实验实证研究》
（摘录）

对测试学生的挑选过程也比较严格。新教育实验在全国五大行政区都有所属的实验学校，我们在各行政区的一个城市首先选择三所小学（城、镇／郊、乡）作为测试的学校，之后要求在同一城市挑选相类似（学校地点、师资条件、学生人数、环境后勤、历年考核成绩等都须接近）的三所普通学校作为比较组。之后考虑到全国另外两大行政区的空缺，又添加了各三所普通学校。这样普通学校遍及了全国多个行政区，或可以作为一个全国范围样本的参考。

所有的被试都是小学四年级学生，实际有效卷为2332份。其中新教育学生占近40%，非新教育学生约为60%。这与我们题目的来源TIMSS和PIRLS的测试学生的年级相同，可以做有关的比较，当然有时间年限的差异。在参考的国际数据库内，本项目选了代表西方教育的美国学生25255人，德国学生3680人。

新教育非常重视阅读，坚持阅读是回归原点的这一重要教育信念。为了检验新教育的实施成效，本研究以小学生为研究对象，通过测量探讨了新教育学生与非新教育学生在阅读动机上的差异，并与中国香港、台北的学生做了对比分析，结果发现，从总体上看，新教育学生的阅读动机在诸多方面显著高于非新教育学生，新教育学生的阅读动机与其他阅读变量显著相关。

整个项目结果给研究者最深刻的印象是：新教育组学生在学校归属感和对阅读综合能力的发展上卓有成效。在这两方面的比较，近乎所有的统计结果，新教育实验组学生远高于普通学校学生，显示非常显著的差异。对于一个全国范围如此众多学生参与的大型教育实验，新教育实验给予学生更美满的校园感受和体验，和对阅读有更佳的爱好、能力与习惯，足以令人对此的效能和魅力加以肯定和称赞。

表1　新教育与非新教育全体学生8个变量的差异（t检验）

变量	新教育		非新教育		自由度	t值	p
	平均数	标准差	平均数	标准差			
学习自我效能感	7.54	1.54	7.39	1.56	3 313	2.72	**
感受校园环境	8.72	1.30	8.16	1.50	3 171	11.45	***
学习动机	8.66	1.13	8.48	1.29	3 207	4.26	***
学习兴趣	9.04	1.22	8.95	1.34	3 165	2.13	*
阅读学习习惯	6.70	1.67	6.38	1.74	3 091	5.35	***
上课投入	8.35	1.60	8.21	1.66	3 314	2.44	*
师生交流	7.61	1.64	7.40	1.76	3 131	3.66	***
阅读综合能力	7.93	1.38	7.56	1.60	3 225	7.25	***

注：*$p<0.05$；**$p<0.01$；***$p<0.001$.

表1的结果表明，所有8项变量新教育组的学生都显著高于非新教育组（t值都是正值，且所有的$p<0.05$水平）。

无论是活生生的案例，还是实证研究的数据，都反复证明了同一件事：朱永新老师这些年以来所做的一切，作为专业的儿童阅读研究与行动，正在为教育、为社会，提供强大的势能。

　　阅读，是一件重要到让人习焉不察的事。如同氧气，只有在缺失后，才能明白其珍贵之处。只是氧气可以随时提供，阅读对身心的改变，却需要天长日久的积累，也就更加弥足珍贵。

　　朱永新老师以儿童阅读，点点滴滴浸润着孩子童年的精神原野。若干年后，那原野上，必将百花绽放，果实飘香。

（2019 年 5 月）

荣誉不是佩戴在个人胸前的勋章

尊敬的 IBBY 评委：

我是中国的一名专业儿童文学作家，已出版童书 40 余部。我也是经验比较丰富的阅读推广人，从 2005 年开始成立了小型公益机构"喜阅会"，为贫困儿童赠书。我喜爱公益事业，从 1999 年开始捐赠稿费，资助过 35 名失学儿童，带领团队举办过数千场公益活动，其中，2014 年，我在朱永新先生等人的支持下，只身一人，用一年时间走进 100 所中国乡村中小学，里程达到绕地球近 4 圈，免费做了 196 场讲座，推广儿童阅读。2018 年 4 月，因为阅读推广的工作，我应邀到美国哈佛大学主办的哈佛中国教育论坛上发言，成为走上该论坛的第一位儿童文学作家，讲述了我从文学到阅读推广的经历。

然而，我和中国许多年轻的阅读推广人一样，在阅读推广的道路上，我们受到的深刻影响，都来自同样一位领路人——朱永新先生。

朱永新先生以严谨的理论，建构了一个儿童阅读的宏大体系。

以我为例。作为阅读推广人，我在 2011 年之前就做过一些阅读研究。但是，直到 2011 年夏天，我读到朱永新先生的《我的阅读观》一书后，才把儿童阅读放到一个体系之中，有了深刻的认识。这种认识所产生的强大的力量，促使我做出了改变一生的决定——我要用两年时间，放下写作，专职进行儿童阅读推广。因此，才有了 2014 年我走进 100 所乡村学校推广儿童阅读的行动。

这些年来，像我这样受朱永新先生影响的阅读推广人数不胜数。关于阅读，他的文章、访谈、演讲，遍布于社会各界、中小学校园，受到广泛的赞赏和传播；他把阅读对个体成长、学校发展、国家振兴、人类幸福的各种价值与意义阐述得动人心魄；

他更以理论研究、方法总结、个人行动、创办机构、向国家建言等各种方式，形成了一个立体的推进模式。

朱永新先生以勤奋的行动，从不同层面，坚持不懈地推动儿童阅读。

我作为阅读的研究者，在关于儿童阅读的研究过程中，目睹了朱永新先生如何贡献自己的时间、智慧、金钱。他亲自组建团队、带领学者，全年无休，满怀激情地投入各类阅读研究。他始终捐赠稿费等个人收入，据不完全统计已达210多万元，推动阅读等各种公益项目……

这一类的阅读工作，朱永新先生不是做了一年两年，而是坚持了近30年。早在1995年，他遍邀中国专家学者，研制中小学生阅读书目，是中国最早的研究者。到2000年他发起新教育实验，就倡导把"营造书香校园"作为第一位的行动，从儿童、父母、教师立体推进儿童阅读，迄今已有19年（指截至本书信所撰之日）。他以个人身份，从民间形式，创办新阅读研究所进行专业探索；又向国家相关机构持续十几年提出几十条阅读方面的建议……他推动阅读的持续时间之长，从事探索之多，影响范围之广，实属罕见。

朱永新先生以科学的研究，为信息时代下儿童阅读的方法，总结出了一系列可供复制的成果——图画书阶梯阅读课程、童书电影课程、新教育晨诵课程……这些简便好用的阅读方法，大大强化了儿童阅读的效果。

我认识一位叫顾舟群的小学老师。顾老师教小学一年级时招收了一个入学测试0分的女孩子，女孩在学校不对任何人说话。女孩还有一个哥哥，当时已经读小学6年级了，和妹妹的状况完全一样。但是，顾老师恰好在那一年开展儿童阅读课程，经过一个学期的图画书阅读课程之后，这个女孩从各个方面都恢复成为一个能与人正常沟通的孩子：正常学习，正常与人交流，语文考试考了80多分。这件事在当年曾被中央电视台报道过。

更重要的是，顾老师的故事并不是个别的、偶然的案例，而是科学的阅读课程的正常效果。这些年以来，这一类原本人生看似已经无望的孩子，被新教育的儿童阅读课程改变了命运。这些学习有障碍的孩子遍布在中国的城市与乡村中，仅我亲眼所见的就已经不下百位。而正常的孩子因为新教育儿童阅读课程受益，得到巨大成长的，更是不计其数。

朱永新先生以公益的情怀、务实的培训引领着贫困地区的教师成为阅读推广人，改良了乡村的儿童阅读生态。

河南省沁阳市第四小学的白娜老师，是一所城乡接合部小学的普通教师，周围居民不愿意上这所小学，她的班上只有18位学生。她在教室里实施新教育儿童阅读课程之后，附近的父母们慕名而来，请求她教自己的孩子，最高峰时，她一个班级的学生达到了83人！

安徽省霍邱县是新教育实验区，这里地处偏僻，教育资源匮乏，周围农村的父母们为了孩子纷纷告别故乡，前往周边城市，忍受各种不便、降低生活品质，只为让孩子能够到好学校读书；同时，受"计划生育"政策影响，周围适龄学生越来越少，因此乡村学校的学生数量锐减。但是，在开展了5年的新教育实验后，霍邱当地小学的在校学生从500人增加到1500人——我还记得，我第一次听见这个消息时，眼泪夺眶而出，因为我去过那个县城，我知道这不是一个数据的增加，也不仅仅是学生数量的增加，而是意味着1000个家庭从艰难生活的城市，回到亲切的故乡，安居乐业！那一刻，我深切体会到了正确的阅读的巨大力量，是在怎样创造出改善世界的奇迹！

就在朱永新先生发起的新教育实验中，有4200多所学校加入，其中绝大部分都是乡村中小学校，所以，这样发生改变的乡村教师、乡村学校，也有千千万万。就这样，朱永新先生因为推动学校开展一系列科学、高效的儿童阅读课程，深刻改变了学生的学习效果，改变了教师的教学品质，改变了父母的教育观念。由美国休斯敦独立学区研究员叶仁敏博士进行的实证研究数据表明，参加新教育实验的学校，无论城市与乡村，在阅读能力、阅读习惯及学校归属感等方面，明显优于非新教育实验学校，也明显优于国际上同年级学生的水平。

我因为阅读推广和朱永新先生相识，因为阅读推广与新教育实验中的一线教师有着长达十年的密切交流，在这个过程中，我得到洗礼，备受感动，为这些老师担任义工提供各种帮助，从而作为观察者和行动研究者，亲眼见证了这一切的发生与发展。

所以，我相信，朱永新先生作为读者的这种兼容并蓄的心态，作为学者所推出的各种研究成果，作为推广人所富有的公益情怀和强大行动力，都与IBBY的宗旨高度吻合。

所以，我非常郑重地向我所尊敬的机构IBBY推荐朱永新先生成为"IBBY-iRead爱阅人物奖"的获得者。我相信，这一荣誉，不是佩戴在朱永新先生个人胸前的勋章，而是把这份荣耀通过富有创造力和行动力的朱永新先生，更鲜活地折射出儿童精神的阳光，从而温暖更多需要帮助的儿童乃至成人，照亮所有国度所有人共同的未来。

推荐人：童喜喜（中国儿童文学作家）

（2019年5月）

四 雕塑自我

在广袤的大地上，人生并没有路标。路，很多很多。

没有人知道，下一秒会有怎样的转变，下一段路在哪里转弯，没有人知道，下一程我们与谁遭遇，身旁会见到怎样的风光。

但是，生命最可贵之处，在于可以选择。

每一个人，最终不是被时光雕塑，而是被自己雕塑。通过一次又一次选择，雕塑自我。

2009年生日：祝我生日快乐

要写点字，送给今天的我自己。

写稿翻资料，无意翻到两篇几年前作家班的同学写我的文字——

> 我右边的同桌叫童喜喜。她是个独来独往，很少同人说话的女生。最可气的是上课都两个月了，她还"骗"我说她来自贵州。害得我一直以为她是贵州人。她是我的同桌，有一天帮我在我的名牌上画了个笑脸，让我着实高兴了一阵子。
>
> 最后一天，大家在等待离别的时刻。有人建议在院子里唱歌，当时没有音响，大家都很郁闷。电梯门开了，一身黑色连衣裙的童喜喜走出来，手里举着自己的笔记本电脑。立刻，大厅里响起了节奏性很强的音乐。大家高兴地扭动着腰肢，欢快地唱歌、舞蹈。此时的她更像是从楼顶上跳出来的魔法师，给大家带来了意外的惊喜，让大家欢度那难以忘怀的最后的快乐时光。（同学翌平）
>
> 童喜喜平时不多话，喝酒的时候，她会十分真诚地向你敬酒，也不说话，只把酒杯举到你眼前，然后她率先一饮而尽，你是男士，也只好一饮而尽，过几分钟，她又过来了，又向你一举一饮而尽，直到你落荒而逃。最后方知，她当日以总量不足100毫升的啤酒，敬得4位同学们喝掉啤酒数瓶、红酒半瓶，其中两位酒中豪侠先后醉倒。这让我们一些不会敬酒的人心中更是大快！（同学张玉清）

我看得有些恍惚。他们写的是我吗？

那是2007年的鲁迅文学院，我们是第六届中青年作家高级研讨班、也是全国首届儿童文学作家班的同学。按说，他们这些著名儿童文学作家，是我的同行，还是我的同学，更应该成为朋友。

可直到现在，他们对我来说，仍是熟悉的陌生人。因为，那时的我，就是他们笔下的样子，直到毕业，我和绝大部分同学都没有说过一句话。

《影之翼》改稿结束后，我当时的责任编辑黄小波收到稿，凌晨2：04给我写了长长的邮件。我看着，泪流满面。信中，我的这位波波姐对我说了一段话：

喜喜：

不要太匆忙，
背着大包赶路和坐在马路边发呆冥想，
后者更有喜喜独特的美好。
更能PENG PENG PENG 地撼动人心。
你不是XXX（注：我必须隐去这位作家的名字），
她写的"故事"无论累计多少数量，
也无法超越你的"文学"。
而你的文学，
在小读者长大之后，
是能沉淀在他们的"过去"里的。

是的，我怀念曾经的我，怀念那个坐在马路边发呆冥想的我。那样的生活，我过了7年。

坐在路边的我，因一无所求，而彻底自由。

对一切美好，我有足够的时间去享受。

对其他，我都能有足够的底气扭过头去："老子不愿意！"

安能摧眉折腰事权贵，使我不得开心颜？

所以，甚至因为拒绝参加签售活动，气得一位和我关系很好的知名编辑和我绝交。

7年后，我被省作协告知填表，有可能去鲁迅文学院学习。

按规定，必须是中国作协会员。按规定，每个省作协只有一个名额。

而一直坐在路边的我，觉得为了赚点外快加入省作协就够了，虽然早够中国作协会员的资格，却从未想过要去申报。

结果，省作协一口气报了5人，4人是中国作协会员，只有我不是。

结果，文学院批准了3人，对我省是破天荒的一次，为此省里甚至专门开了欢送会。而我是其中最特别的幸运儿。

就这样，诱惑以学习的名义来到，我却毫无察觉。我渴望学习。在学习中，我是班上少数全勤的学员之一，也是极少数没参加全班赴山东旅游的学员之一。

就这样，在学习中结识了薛总。他自己说，为了说服我配合出版社的宣传活动，对我说服不下20次。我不记得准确数字，只记得次数的确很多。

我还记得薛总说服我的三大理由……呵！总而言之，无论因为什么原因，我都因此而不再坐在马路边，而从此开始背着大包赶路。

从2009年9月25日傍晚开始，这些天里，哭得很多。

我一直没来得及写我的郑州新教育之行。

不，其实应该是从我去年就已熟悉的嘉兴开始。

因为张刘祥老师，我早已去过他区里的多所学校。可9月16号再到王江泾中学，一切又和以前有所不同：本来，徐校长一见我，就急着安排我的讲座与签售。我听他说完安排，对他说："我知道您这个安排是为我好。我来这里起初是为了体验生活，利于下一步写作。现在，我有新的想法，新教育实验里的中学少，能做到获得优秀实验学校的中学更是凤毛麟角。我希望能更多了解学校，我觉得你们的做法能够给更多学校以启发。"

我永远不会忘记，徐校长当时微微一愣，他看着我，目光突然亮了。他微笑地看着我，开始打开他的电脑，给我介绍学校的情况……

在嘉兴没待两天，我匆忙去了郑州。

3天，原定4场讲座，临时增加到6场。出版社为了签售带去的书，薛总说是咬牙才带了那么多的书，在第一天就销售了80%以上。

我和新教育人、大孙庄小学的吴健增校长还未见面，就在电话里说起新教育，不知不觉就说了半个多小时。

我和还不是新教育学校的双桥小学的老师们，因为一位新教育老师一见如故。她们想引导孩子阅读，却不知如何做。我对她们说着新教育。事后，这位老师问我："你对他们说了什么？他们校长坚决邀请我去给他们讲讲！"我知道，双桥小学希望小风带给她们新教育。

我和新教育人、教育在线的版主青鸟的见面，更是一波三折富有戏剧性。我不停追问她的故事，她始终遮遮掩掩不肯说自己太多。后来，我才知道她对当地我熟悉的一位开展新教育实验的乡村教师说："我要让你们在枣熟的季节实现这个'甜蜜的约会'。"

……………

是的，太完美了。而这一切，与其说是因为某一个人，不如说是因为新教育。

因为，新教育给了我一个梦，一个美梦，一个关于人人持续成长、人人可以幸福的梦想。

感谢新教育。

生命本无意义，是人的行动赋人生以意义。我一直这样想，也努力这样去做。

2008年3月，我答应薛总配合出版社的宣传活动。和过去5年那个狂放着沉默的我告别。

由此开始的一年多里，我去了很多学校做讲座。

外人以为我风光无限，实则我非常痛苦。在绝大部分学校里，我是在做自己并不愿做的事。

我一直认为，对孩子阅读真正起作用的是老师、是父母。我的出现只是给点燃的阅读之火添上一根柴。

答应走进校园的原因之一，是我想认真地实现这根柴的价值。然后，我亲眼看到我的付出，更多是毫无意义的。即便校方对我好，可那种好意是给我个人的，是对我的好奇，而不是对我行动的认可。

有位老师看了我的书，邀请我去她的学校讲座。活动非常成功，但事后我得知，她因为邀请我，被校长乃至同事质疑，认为她从中得到了什么好处。

我深深怀疑我的行动。如果仅仅是为了赚钱，我没必要这样走进校园。书卖得多和书写得多同样赚钱，写作、出版，对我来说毫不费力。

因此，我多次与薛总吵架——虽然我知道他为此的付出比我大得多，可我接触最多的人是他，数次，我和他甚至闹到险些终止合作。还记得有一次他冲我怒吼："你别忘了那个编辑是为什么和你绝交的！"

我早在"教育在线"网站注册过，那时的论坛，是我寻找写作素材的地方。直至在活动中结识了一位推行新教育的教育局局长，我对新教育有了初步了解，又到论坛里发了一个帖子。

同年6月，朱永新老师写出《感谢童喜喜》，我受邀参加海门年会，会上新教育人的群像，只是我准备深藏于心的感动。

事后发帖《我想做个新的孩子》，坦白说，我只是想写给朱永新老师看，我没以为有别人愿看。我只是对朱老师的盛情，以一纸记录为报。

万万没想到，我的生命就此与新教育人相融。

平等、尊重，我存在的意义得到了最真挚的认可。

25日下午，郑州的活动结束。薛总坚持让我陪书店的人吃晚饭。当然呵当然，吃饭有利于工作。

在车里，等书店的人下班吃饭，等了近两个小时。

车窗外，傍晚的天空，灰色一层层刷过。我静静看着窗外，眼泪毫无防备地流了下来。

我从未像那一刻那般清醒地意识到，自己正生活在美梦与现实中央。从新教育的美梦中苏醒，我踩到生活的现实边缘。

一年多来的讲座，郑州之行的点滴，无数记忆的碎片交叠错闪，伴随着越来越汹涌的泪水。

我不是喜欢背包赶路的人，不到16岁，我就想着那间斜顶的屋子，我要在屋顶上种花。

接着走下去，仍然必须面对出版社安排的那些不是新教育的学校。那是我必须面对的现实。

车窗外，天已全黑。周围是高楼，不远处车水马龙。那是别人的世界。

司机回到车上，我慌忙跑出。仰头看天，想让眼泪自然回流。

是在这样的时刻，我看到那一幕：漆黑的天空，有一群雪白的鸟飞过。

又等许久，鸟儿再次飞过。我终于发现，是高楼射向上空的灯光照亮了鸟的翅膀。

我已忘了哭，用相机对准那片有光的天空。最后，我拍到了模糊的几道光线——那是天空中翅膀的痕迹。

当书店的人出现时，我还在继续守着天空，等着鸟儿再次飞过。

到吃饭时，我基本恢复正常。幸亏那些天睡得太少眼睛本来就肿，没人看出我曾哭过。

是的，我不会哭，因为我是喜喜。

那日傍晚的一幕，对我近乎神启。

黑暗中的飞翔，只对光亮有意义。那么，就为了那点光亮，继续飞吧！既然人生不能同时踏入两条河流，就好好这样走下去。

被新教育人呵护、宠爱的我，俨然成了小的发光体。但今日的我，却知水滴不会发光。所谓光芒，需要纯净才能反射。

感谢新教育，给我前行的力量。

让我做更好的自己。

（2009年10月4日）

2013 年元旦：飞吧，萤火虫，相信未来！

亲爱的萤火虫：

这是一个多么幸福而美好的开始——2013 年。

在世界末日的恐慌之后，我们迎来了一如既往的平安。世界似乎永远不变，时光似乎凝滞安详。

可是，生命从来没有停止生长。有些事物，就在过去的一年中，从无到有，已经不太一样。

多么幸运啊，我们就是其中不一样的一群——你、我、他、成人、孩童、教师、父母，种种不同汇聚为同一个词——我们拥有了同一个名字——萤火虫。

我多么希望，我有时间历数这一年来我们所绽放的微光：是全国 30 多个城市分站的建立，更是 10 万父母的默默成长；是专职团队的 90 余场讲座风雨兼程，更是各分站的 130 余场活动四面开花；是从一个"新教育萤火虫"亲子共读项目，到囊括特殊教育、教师培训等七八个项目的飞速增长……

我多么希望，我有时间一个个叫出那些我绝对熟悉的萤火虫义工的名字，无论是勤奋沉默的，还是活泼机敏的，无论是教师，还是父母，甚至，无论是正在义工团队里奋战的，还是已经因为种种原因暂时转身的……

我有太多希望，可我做不到，我没有时间做。

甚至，因为承担着不少新父母研究所之外的新教育事务，导致我在这个新年的开端，凌晨 3：25 起床工作，却未能在第一时间里发出给你们，给你们这些我心中最温暖最亲昵的人们以节日的第一句祝福！

是的，亲爱的萤火虫们，我祝福，我深深地、衷心地祝福你们。同时也是祝福我自己。

我祝福我们能够彼此照亮，实现各自最大的生命价值，在自己各自的舞台上，成为光芒四射、温润动人的人。

因为，哪怕世界末日，生命最后一刻，也要努力发光，是萤火虫的使命。

萤火虫，已经飞舞在中国大地之上，新教育是我们起飞的庭园。

而且我想，或许没有人比我更多更深地拥有新教育。无论是发起人，还是其他资深的新教育师长。

因为每个人都会习惯从自己的角度去拥有。而我却因为写小说的习惯，拥有着大家的角度。

在新教育里，我一步步一处处地走过，却没过去，而成为一步步走来。

在刚刚过去的圣诞夜，我看到沙漠上的农家孩子在罕台新教育实验小学的水上小舞台里载歌载舞，在我为此感动感慨到默然泪流之后的一会儿，就见网上弹出一条新闻：江西校车落水，11 名儿童遇难。

中国的明天有中国教育；中国教育有新教育；新教育有我们——看，因为如此，我骨子里悲观，却从不绝望。

人是多么容易满足的动物，只要还有一线希望，就会觉得任何痛苦都可以忍受。

可人又是多么倔强的动物，哪怕再沉的暗夜，只要心未死，就会如萤火绽放生命微光！

我是远方的忠诚的女儿。

当我以梦为马，奔向一个遥不可及的远方时，我未曾想过，在新教育里与诸多师友相遇。

我更不敢设想，会与诸多萤火虫一起喜悦飞翔！

可我们来了。

站在2013年的"门口"，站在新教育第11年重新出发的起点，面向未来，我想，与萤火虫分享这首诗——《相信未来》。

信，只有相信，必须信。信孩子的生命会书写自己的传奇，信成人的成长是拔节后的绽放。

"当蜘蛛网无情地查封了我的炉台，当灰烬的余烟叹息着贫困的悲哀，我依然固执地铺平失望的灰烬，用美丽的雪花写下：相信未来……我要用手指那涌向天边的排浪，我要用手掌那托住太阳的大海，摇曳着曙光那温暖漂亮的笔杆，用孩子的笔体写下：相信未来。"

"相信未来，热爱生命。"归根结底，人生，不仅是吃喝拉撒睡的简单循环，生命，必须通过信某个人或某件事，由此践行，而真正地存在。

我信。

我爱。

以生命。

《相信未来》

作者　食指（原名　郭路生）

当蜘蛛网无情地查封了我的炉台，
当灰烬的余烟叹息着贫困的悲哀，
我依然固执地铺平失望的灰烬，
用美丽的雪花写下：相信未来。

当我的紫葡萄化为深秋的泪水，
当我的鲜花依偎在别人的情怀，

我依然固执地用凝露的枯藤，
在凄凉的大地上写下：相信未来。

我要用手指那涌向天边的排浪，
我要用手掌那托住太阳的大海，
摇曳着曙光那温暖漂亮的笔杆
用孩子的笔体写下：相信未来。

我之所以坚定地相信未来，
是我相信未来人们的眼睛——
她有拨开历史风尘的睫毛，
她有看透岁月篇章的瞳孔。

不管人们对于我们腐烂的皮肉，
那些迷途的惆怅、失败的苦痛，
是寄予感动的热泪、深切的同情，
还是给以轻蔑的微笑、辛辣的嘲讽。

我坚信人们对于我们的脊骨，
那无数次的探索、迷途、失败和成功，
一定会给予热情、客观、公正的评定。
是的，我焦急地等待着他们的评定。

朋友，坚定地相信未来吧，
相信不屈不挠的努力，
相信战胜死亡的年轻，
相信未来，热爱生命。

（2012年12月31日）

2014年新春：生活在天空之上

亲爱的萤火虫义工：

新的一年已经到来。

刚刚过去的一年，在我们这个新教育萤火虫义工团队里，有过无数感动时常让我热泪盈眶，有过无数感慨一直郁积于心，也有过无数感叹至今仍然萦绕不散……

无论是现实中7月郑州"萤火虫之夏"中的疯魔，还是网络上11月萤火虫两周岁生日庆典时的痴狂，更多的当然是日常萤火虫工作中的朝朝暮暮：工作日每个清晨的晨诵，每周三全国讲座的直播，各分站线下活动的缤纷……

这一切让我忍不住时常想，如果我还是单纯的写作者该有多好！

把这些温暖的光芒和痛苦的蜕变，这些彷徨、迷惑，这些挣扎与碰撞，这些懊恼与狂喜，把这一切记录下来，这将是一幅最为丰富、立体、深邃而美好的图画。

只可惜的确精力有限。如今我的绝大多数时间用于新父母研究所的事务性工作，用于所里几大新教育公益项目的开展。就像今天，在这新春的第一天里，我的脑海里只有一个问题，就是：在经历一段小小的休整后，这个新的春天我们将重新出发。共同走过三个年头的我们，接下去，该如何飞翔？

我立即想到了她——一位萤火虫义工。

她勤勉踏实，做事特别认真，因为是专职妈妈，闲暇时间相对较多，默默做了许多幕后工作。她说，做萤火虫义工带给了她、她的孩子及家人许多许多的变化，她已经离不开萤火虫了。

前不久，因为家里发生一点变故，她不得不找了一份工作。可是，对萤火虫项目的深爱，对义工工作的投入，让她感觉现实中这份工作"是在浪费生命"。她征得了家人的同意后，决定重新辞去工作，专心做萤火虫义工。

所以，当她来找我时，其实并不是问我是否应该辞职。她只是询问我，她作为萤火虫义工，哪些方面还急需提高？

其实，我是多么希望她能够更深地卷入义工的工作中啊。成熟义工的短缺，一直是制约着几个公益项目发展的最大障碍。

但是，因为她给我的信中写的一句话，我想了很久，给她的答复是："不要辞职。"

她的那句话是这样说的："在网上面对的是我们新教育的'精神贵族'，上班的环境面对的是最基层的劳动者，冰火两重天的生活使我身心俱疲。"

显而易见，黑暗与光明，现实与梦想，大地与天空——这些，都是冰火两重天的对立。

然而，没有黑暗的映衬，如何呈现出光明的存在？没有对现实的扎根，梦想的实现又如何得到所需的滋养？萤火虫若不能栖息于大地上，在草丛中得以休憩，又如何奋力振翅，发光于天空？

因此从本质上，所有对立的事物，越是对立的事物，都是一枚硬币的两面。甚至，万物皆为一物；世事殊途同归。

如果不能从最基层的劳动者身上，不能从人性最深处，去发现粗糙但质朴的美，去捕捉细微但坚韧的善，直至去创造平凡但神圣的生活，去享受每一个重复着又永远全新的时光，那么，成为义工，乐于奉献，又有何意义？

而我作为项目负责人，最担心的是，这样一来，萤火虫义工生涯，很有可能不仅不会成为对人生的丰富与温暖，反而会成为一种隐性却又深刻的戕害。

一旦我们把精神与现实对立，把神圣与平凡剥离，我们的一切就会南辕北辙。

一旦如此，我们越是奔向自认为精神的光亮之处，我们就距离爱、自由、智慧这些真正的光明越远。

一旦如此，我们就会给自己堆砌出神坛，我们在那道德制高点站得越高，就越会遗世独立。

一旦如此，我们越是有着普渡众生的情怀，就越会愤世嫉俗。

不，这不是我们萤火虫义工。

我始终警醒这一点，是因为我走过这弯路。

2004年，我在第一次山区支教后的很长一段时间里，都被山区的模范教师那原始得堪称低劣的教学手法震惊，久久无法走出失望所导致的虚无。毫不夸张地说，那段时间里，我眼前的世界是灰色的。

直到某一天，在我不断反思后，突然悟到一件事：对山区孩子而言，我所做的一切加起来，都比不上一位在山区教了一辈子书的最普通的老师更有用。因为是他们坚守在山村，几十年如一日地做着最初级却也是最重要的扫盲与启蒙的教育。

醒悟到这一点，让我在极度羞愧之余，从此牢记这件事，并时刻警醒自己：自鸣得意的善是一种轻薄的恶。

所以，对这位让我感动至深、又让我担忧莫名的萤火虫义工，我婉转地说了很多。

我说，你要迎接挑战，同时做好网络和现实的工作，就像我同时写作和做这些公益项目一样。我说，你的现实工作对你的义工工作有利，你要在现实生活里，学会观察与思考。我说，所有地方，都可以成为萤火虫飞舞的地方。

事实证明，我的担忧是杞人忧天。她是那么灵秀的女子，立即懂了我的话，回答："我明白了你的意思，我会疯狂地读书，也会义无反顾地去面对来自两个方面的挑战。"

所以，亲爱的萤火虫义工们，在这新的起点处，在我们已经取得那般成绩之后，我希望，我们以最日常最朴素的姿态，以现实的理想主义的情怀，开始这段新的飞翔之旅。

新教育人一直以现实的理想主义为最高追求。的确，如果仅仅是纯粹的理想主义者，追求或许格外坚定，但这坚定是坚硬，脆且薄，宁折不弯，极易断裂。而现实的理想主义，它根植于现实，朝向着理想，这种坚定是柔韧。

亲爱的萤火虫义工们，在新的一年，在新的起点，我希望我们怀着最为澎湃炽热的爱，认真做好最琐碎的小事。从这些小事之中去发现美好，得到成长，体味幸福。因为，点亮自己、照亮他人，注定是一个漫长的过程，成长是一辈子的事。无论我们是父母、教师还是孩子，生命需要一生不停歇地成长。

那么，生存是躯体存在的基础，生活是精神创造的艺术。义工们，我亲爱的朋友们，新的一年，让我们欣喜从容地生存于大地吧——这样的我们，将会更加美好地生活在天空之上。

你们的朋友　喜喜

（2014年1月31日）

2015年新春：我要我们幸福

亲爱的萤火虫们：

请让我用最幸福的语气，宣布一个最幸福的消息——刚刚过去的一年，我们在推动开展各项公益项目的过程中，在全国各地共举办线上、线下各类公益培训1019场！

请注意：这个数字，第一，来自不完全统计，准确数据只可能多、不可能少，因为每场活动都有时间、地点、主题，不排除年终忙碌的漏报；第二，这些都是新父母研究所自行主办的活动，不包括我们萤火虫团队协助参与的活动。

也就是说，我们这支以萤火虫为Logo的团队，我们这个教师和父母携手组建的新教育共同体，在过去的一年中，平均每天举办2.79场培训！

萤火虫因振翅发光，我们新教育萤火虫也是如此，每一天，我们都在用行动兑现着"点亮自己，照亮他人"的宣言！

亲爱的萤火虫们，此时此刻，你和我一样幸福吗？

说实话，当我看见这个统计数字时，我震惊了……心有千言万语，汇为一句话：我为自己是新教育萤火虫团队的一员，深深地、深深地、深深地自豪！

当然，自豪有多么深切，幸福就有多么深刻。

这种深刻的幸福，不仅因为我们的成长。尽管我们的确在结结实实地成长着。如今，我们在全国各地成长的新教育种子教师有379位；萤火虫义工近500位；以我捐赠稿费维护日常运转的新父母研究所不仅成为新教育研究院旗下的机构之一，而且成长为4人专职、4人兼职外加我1人义工的机构。这种成长简直不可思议。我至今都难以相信，眼前这一切，会源自我4年前决心用两年来专职推动的小小亲子共读公益项目。

这种深刻的幸福，我想，更源自我们赢得了对自己的挑战。

只有从事公益工作的人，才会明白，眼下中国的公益事业同时迎接着两个方面的挑战。一方面，和其他所有工作一样，对能力的挑战永恒存在。尤其是我们从事着教育公益，教育和人性一样迷人也一样复杂，教育公益的成效基本取决于工作者的能力。另一方面，和其他工作不同的是，公益工作对心理素质的挑战特别大。一个公益工作者需要做好的第一件事，不是付出爱，而是对自身的心理重建。正如罗永浩曾经指出的那样："以我从事公益事业的经验以及和从事公益者们交流的经验，做公益时心理上比较难捱的部分，是常常做了好事后还要受到无端的指责和侮辱。"

许多次，我听到身处不同地区的萤火虫义工告诉我同样的困惑：他们开展公益活动时，总是受到质疑。甚至在确信他们真的是义工、真的做公益活动、真的不赚钱时，有人还会扔出一句："那就是为了出名呗。"

同时，也有许多种子教师悄悄告诉我，当他们以不同方式向周遭的人们传播自己的亲身体会，传播那些正确的教育理念、有效的特色课程、美好的成长故事时，往往也会有着同类的遭遇。

所以，与其说我们做出了1019次对他人的培训，不如说我们赢得了1019次对自我的挑战。而我们的成长，就来自这些挑战。

所以，在我们都将开始投入新一年工作的时刻，我没有其他心愿，只想告诉所有萤火虫们：我唯一的要求，是希望我们幸福。

我希望我们幸福，希望我们接下去所做的每一件事，尤其是我们义务从事的那些工作，我们能够从中强烈感受到自己存在的意义；希望我们从所做的事中得到锻炼、得到学习、得到成长；希望我们从项目研发中增益智慧，从公益推广中温润爱心，从团队行动中获取勇气，希望新一年的公益活动，在保证数量的同时大幅提升品质。

在生活节奏越来越快的当下，只有在从行动中找到存在意义时，忙碌与幸福就呈正比例增长。为此，我们将在新的一年中，加强对各个公益项目的规范，清扫出更简便更通畅更宽广的道路，迎接更多同心同行者。我们还将搭建全新的学习平台，为种子教师和萤火虫义工的学习成长，提供全面服务。

其实，这几年来大部分时间里，我都把自己的新教育工作定位于为新教育实验打杂、给新教育人帮忙。因此，乐他人所乐，痛他人所痛。外人以为与我有关，我其实知道与我无关，可我却身陷其中，哭哭笑笑，乐此不疲。真正发现"我们"，是2014年夏天。真正悦纳"我们"，已经是2014年10月的事。因此，2015年是我们新教育萤火虫团队的重生之年。

　　重生的这一刻，我要我们幸福。因为这一路的师友们都这样对我言传身教。就像传说中厦门"第一帅"校长、第50所"新孩子乡村阅读公益行"学校的厦门梧侣学校张志愿校长对我谆谆教诲的那样："好人总比坏人难，做一个想成人之好的好人更难。所以好人更需要有好朋友，有好伙伴，更需要有微笑，有温暖，请相信：勇敢者的前行路永不孤单，我们可以一起微笑，一起战胜困难，一起把有温度的微笑传递给那些需要它的人们！"

　　面对明天，我要我们幸福。因为这也是我的初心。2011年11月23日13：50，那是我去找朱永新老师主动提出做两年新教育专职义工的前一小时，当时，我发布了一则微博："幸福像一道光，只可能从自己内心深处发出。一个人，无论老弱贫富、从事何种职业，一旦心灵发出幸福的光，就必然会照亮其他人。"

　　此时此刻，慢慢写下这些话，就是在慢慢分享着我的幸福。只是因为大年三十小病无法写作，这些幸福迟到了几天。亲爱的萤火虫们，在新年上班的第一天，让我们对过去的人与事，衷心道一声感恩与祝福吧！在2015年的暖暖春风里，让我们携着幸福之光，喜悦飞翔！

你们的　喜喜

（2015年2月24日晚）

2016年元旦：我们不做他人的远方

亲爱的新教育萤火虫们，敬爱可爱的师友们：

过去的4年里，每年我都会写一封信，汇报一年的项目进展，表达衷心的问候与感谢。这个时间多半在春节期间。

从今年开始，因为刚刚确定每年12月将进行年度工作总结，所以，今后将固定在每年1月1日，发出这封萤火虫新年信。

在刚刚过去的2015年，我们组织网络、线下培训活动共计1469场，参与人数共117337人。其中，线下培训共计715场，参与人数共96657人；网络培训共计754场，参与人数共20680人。

我们，是新父母研究所，是新教育研究院的下属机构。我们，是新教育萤火虫团队，是新教育大家庭中的一员。

我们，包括621位种子教师，来自新教育教育一线，心为火种、生生不息。

我们，还包括417位萤火虫义工，来自各行各业，点亮自己、照亮他人。

我们，当然也包括新父母研究所的11位专职、兼职的工作人员，飓风、蓝玫、张硕果、李西西、沁心荷、冷清秋、望鱼儿、刘娟娟、韩冰剑，和我。

新教育网络师范学院的230位学员老师，也正在日复一日的学习中，融入我们……

毫无愧色地说：过去一年中，"心为火种，生生不息；点亮自己，照亮他人"的心愿，我们，已经落实为365天的持续前行。

这一年的行动，不仅给他人带去影响，更给我们带来成长。

从推广上，种子计划、萤火虫亲子共读、新孩子乡村阅读公益行、同学少年等项目,在新教育基金会、二十一世纪出版社、北京华严集团等多方支持下,已见成效。新教育种子计划项目获评为中国网的"中国好教育助力教育热心公益项目"。

从学习上,我们不仅在种子计划、萤火虫等各项目内部组织学习小组,而且从2015年8月开始承担新教育实验网络师范学院的日常维护工作,协助常务副院长李镇西老师开展工作。朱永新、李镇西、张勇、郭明晓、余雷、兰岚、蓝玫、胡志远8位老师亲自上课,精彩纷呈的内容,零距离的平等沟通,赢得了一致好评。

从研发上,我们全力协助项目主持人朱永新老师完成中国父母基础阅读书目研制、深度参与朱永新老师亲自带队的新教育年度主报告的团队研讨与撰写,倍受新教育研究院信任而承担的《新教育晨诵》读本编写工作,以及深受陈东强院长鼓励的独立研发的新教育电影课项目……我们在不断拔节。

从积累上,我们在新教育人的耕耘基础上,"新教育文库"也在有效地积累和传播着新教育人的智慧。《致教师》《守望新教育》双双入选《中国教育报》2015年度教师喜爱的100本书。《新教育的一年级》也继获评《中国教育报》2014年度教师喜爱的100本书后,入选2015年"全民阅读年会50种重点推荐图书"。

从2014年度的1019场活动,到2015年度的1469场活动,回顾对比可以发现,我们所做的,不仅是活动数量的增加,同时是工作内容的丰富——在坚持对成熟项目进行推广的同时,我们致力于旧项目的升级、新课程的研发。

除此之外,当然还会有命运兀自响起敲门声。

在2015年的夏天,特教阅读项目,因项目负责人出国暂缓。

在2015年的秋天,我意外承担起《教育读写生活》杂志的主编工作。

尤其是我满心以为在2015年5月完成"新孩子乡村阅读公益行"的100场乡村学校讲座之后,就能够投入到"口头作文"项目的研发中。"口头作文"这种教学方法改变了我的个人命运。我非常希望通过科学的研究、完整的呈现,以此去改变更多普通孩子的命运。可是,项目的早期推进阶段已经开展两三年,中期深入阶段在今年初刚刚开了个头,就中断了。

更别说从我个人而言,以上我的工作全是义务。养活我自己的是写作。

这一年中,上半年在"新孩子乡村阅读公益行"的路上疲于奔命,下半年没顾上养一养身体,就手忙脚乱地面对接踵而来的各种事务,写作上进度一拖再拖。

不过，由于我的作品还比较受欢迎，稿费不算少，以至于在年底总结工作中，统计4年来对新教育的捐赠才意外发现，我事实上的捐赠金额，是自己预计中的3倍。实在让我高兴。

无论如何，我们团队所推崇的心态是：一切问题都是自己有问题。

写作进度拖延，当然完全是我有问题。

所以，对我个人的2015年，我只能打出50分。

但我要骄傲地为我们，为新教育萤火虫团队的这一年打出一个高分——80分。

50分不及格的我，需要在新的一年里继续努力。我得牢记：好好工作并且好好写作，才算一个完整的我。

80分良好的我们，也同样要努力。因为，无论在推广的方法上，还是在研发的高度上，我们都有太长的路要走。教育是永无止境的探索。优秀是卓越的大敌。心的自满之日，也就是心的死亡之日。

过去的一年里，曾经看到一句很有趣的话：生活中，理想主义者和骗子很难区分，因为他们都在谈论远方。

我哈哈大笑。后来每每想起，都忍不住直乐。

可能因为在这些年的新教育公益项目推广中，尤其在开展"新孩子乡村阅读公益行"这样一件多方纯粹付出的活动中，遭遇一些事情让我匪夷所思，对这句话印象特别深刻。

没有人希望被他人认定为骗子。那么，如何才能做一个不会被认为是骗子的理想主义者呢？

或许，最好的方法，是我们不做他人的远方。

我们应该就在人们身旁，甚至不要去谈论远方，而是用心地、愉快地做一些或许微小，但每一点光芒都实实在在的事情。

或许，这才更能体现出萤火虫的意义——星辰固然美得高远璀璨，但身边萤火也自有动人之处。

亲爱的老师和朋友，请原谅我过去一年的疏于联络。不是不惦念，而是工作事务太多，只能一次又一次微笑着想起，默默在心中怀念。在今天，请接受我满怀的歉意，衷心的祝福！感恩缘分让我们相遇，感谢平日诸多的照顾！

　　亲爱的萤火虫队友，衷心感谢过去一年有你并肩。尽管很多人平时联络都不算多，但是，向着同一个梦想飞翔的分分秒秒，都是如此美妙的回忆。大家有太多的故事，我真想一一记录。希望有一天我能有时间，写下我们经历的这一切。

　　我想啊，一个人不应成为他人的远方。因为一旦如此，人与人之间必然彼此互为远方。我坚信每个生命都是奇迹。我喜欢把每一个看似属于远方的事物，分解到每一步，每一天——这的确很难，但非常有趣。正因为非常难而更加有趣。

　　那么，就让我们就从此时、就在此地，继续行动吧。让我们就在人们的身旁，让生命绽放光芒，赠他人以力量！

　　新的一年到了，祝大家拥有内心明媚的每一天！

此时此地的　喜喜

（2016年1月1日）

2016年生日：我当副院长的这一岁

这一岁，人生有一个神转折。

从 2015 年 6 月前后，开始回荡在心里的一声：我到底什么时候才能离开新教育？

2015 年 11 月，2016 年 5 月，2016 年 6 月，一次又一次，这个声音越来越响亮，理由越来越充分。

让我最后一次缅怀一下离开新教育的生活吧——

离开新教育，我仍然会捐款支持新教育。但我不再和大家共同做一件事，从此永远不会有任何矛盾，只会享有无尽的友情，得到所有新教育人的喜爱。

离开新教育，我就还是作家，我可以把时间用来好好写作。我已有的积累，足够写出很多很好的作品。现实的世界里，不讲潜力，只看实力。

离开新教育，我就有时间和文学上的老师交往。以前我内向到自闭，完全不和人交流。现在新教育改变了我，我肯定能够从真诚自如的交流中，学到很多很多。

离开新教育，我仍然可以研究阅读和写作。当我走进学校时，就不再是代表新教育，而是一位关心教育的社会人士。这样避免教育同行的竞争，会有更多教育人士喜欢我。

离开新教育，我失去了一棵大树，得到了整个森林……

离开新教育，我失去的是不能穿球鞋开会的锁链，得到的是光脚丫乱跑的整个世界……

啊！如果，我！离开！新教育！

《如果我离开新教育》的诗朗诵完毕。

结果呢，神转折出现。2016年7月底，具体说，是7月24日晚，我公开了我的誓言。明确：我，不走啦！

我面临选择的时候，摇摆不定，特别难受。据说这是所有天秤座的共同毛病。

一旦选择完毕，就很清爽。心情就像装上了自动调节仪，再难再累，也不烦不躁，而且，很开心！不知你们有没有这样？

（大家今后写检讨时一定要这样向我学习。要点：说毛病，一定要拉上垫背的，最好用上神秘主义如星座等，用来垫背又不会让垫背的不爽；说优点，当然一定只能说自己啦。）

这一岁，我在新教育里得到了全方位的表扬。

对一个义工来说，表扬就是得到的工资。新教育义工很多，但像我这样得到这么多表扬工资的人，可是很少的。

新教育有五位理事长，除了我，都是劳苦功高的资深新教育人，一个赛一个的厉害。

朱老师表扬的特点是说好话也像批评人，好在我很直率，夸错了我会提意见，他很虚心，夸错了还会改正，这样改来改去，最后总能听到点好话。

许帅表扬的特点是言简意赅力度大，而且重在背后表扬。比如实验区会议说我们团队的工作听听都觉得震撼，更别说亲身参与了；比如济南家校会议夸我们萤火虫项目应该送去报奖；比如领读者会议夸我有担当，等等。都是别人转告我的。

陈院表扬的特点是幽默风趣，夸奖不绝于耳。如果没有听到陈院的夸奖，那他肯定不是在和我说话；每次和他见面，分明是讨论很深刻很深沉的教育工作问题，都会笑到不行。

但是，这一年中，勇夺第一名的，得算卢总对我的表扬了。卢总夸我现在做新教育的思路是正确的，新教育就是要懂得经营。我一听就懵了，追问："什么经营？我不懂啊！"卢总指点迷津道："经营就是过日子。"我顿时豁然开朗！新教育的康庄大道，从此越走越宽阔。

就连一向看我不顺眼的薛总，也在2016年8月中旬，突然当众承认了错误，表示了对我新教育工作的赞许。

只有张爷爷对我的表扬，以往是稳居第一的，这一次从质量数量上都没有什么进步。这是下一年他应该注意改进的工作方向。

这一岁，表面上看，我还是在当我的新教育萤火虫义工，身陷无穷无尽的事务中，继续深度参与新教育的工作。

比如，朱老师、许帅和我联袂主编，我负责带队具体执行的《新教育晨诵》选编工作，已正式出版7本。第二批的7本将在元旦（指书信成稿时间）出版。

比如，我负责的《教育：读写生活》执行主编工作，从2016年1月开始，共出版9期。第10期稿件已编完。

比如，我负责的"新教育文库"出版统筹工作，从2015年7月《守望新教育》、8月《致教师》问世后，又推出9本书。其中，除了一本书我基本没费力之外，其他书都有一番各自不同一言难尽的沟通、修改。正在沟通中尚未出版的还有近10部书稿。

比如，除了图书和杂志的稿件外，为了各项新教育事务，我帮助各种人修改各种文稿近300篇。

比如，继续作为主力队员之一，参加年度主报告的研究写作和PPT制作工作。

当然，我还得和伙伴们举办各种教育培训会议。我们独立主办、我们全力承办、与各地教育部门合办……各种形式的几十场培训，大大小小，多则1300余人，少则200人，有的在国家图书馆，有的在乡镇学校礼堂。很多活动我都得跑前跑后，以不同方式出力。

等等，等等，等等……

这些工作，都是我自己傻做傻做给做出来的。实在不算什么。主要原因是我不坐班。所以，我每天5点多闹钟一响就一骨碌爬起床，到了晚上11点多才跳上床，期间基本都在工作。

之所以做了新教育后，我开始特别热爱做家务，就是因为：做饭、洗碗、扫地、晾衣服这些事，实在太简单啦，太容易取得成就感啦！

如今我在工作上边做边学，做得越多就学得越多，现在时常有"哎呀，让我再回到 5 年前，那该……"的感觉。

所以，接下去的一岁，我肯定能做得多一些，好一些。

这一岁，从内在来看，我做事思考的角度和以前开始有所不同。

这也是我为什么要特别强调"我当副院长"这几个字。

2015 年 7 月年会，我当上了新教育理事会的副理事长、新教育研究院的副院长。

其实，仅这一件事，就可以写篇文章了……长话短说就是：对于是否接受这个职务，我一直摇摆不定。

最终接受了。想，这是荣誉，可以拥有，然后放弃。不曾拥有，连放弃的资格都没有。

接受之后第三天就腻了，给朱老师打电话请辞，他一听气坏了，说了半天，最后撂下一句："你去问任何一个人！只要有一个人认为你可以辞，你就辞！"我当真打了两个多小时的电话，向三四个人咨询请教，结果如同朱老师的预言，并且我被说服了——薛晓哲说，我可以不接受，接受后也可以偷懒，但我这样辞职是当儿戏，是对其他理事长、院长的侮辱。我喜欢这些人还来不及呢，怎么会侮辱？从此再也不提。

新父母研究所是新教育研究院的下属机构，但它是我用稿费创办的，从经费到工作都完全独立。从研究所里自由自在的"铜锁儿"，到一个比较官方的机构里的"副院长"，这是一个痛苦的过程。从直观感受上就意味着有人管我了。

可看上去嘻嘻哈哈的，其实，我只服从于我认可的真理。

也就是说，除了我，没人可以管我的。

正因为知道没人管得了我，我才一直这样兢兢业业管理自己。

与其说我无法改变这个不服管的性格，不如说我不愿意改变这个性格。

与其说这是我的本性，不如说这是一个作家的必须。

那么，与其当副院长，闹得大家都不开心，不是不如不当吗？我纠结啊，纠结。

回头来看，幸亏我是走进了新教育这个团队，和这样一群深谙赏识教育的亦师亦友的新教育同仁在一起，否则我肯定早就跑了。

从另一面来看，如果不是新教育这样的团队，我根本碰都不会碰，更别说走进来。有了新的角度，看见的事物更多。

这一岁，我最大的收获是懂得了什么叫职场。

和越来越多的团队合作，有新教育内部，有其他独立机构，有一半是新教育内部一半是其他机构……有亲热友爱，有默契配合，也有摩擦碰撞。

但是，从人到事，都越来越开阔。

——如果离开新教育，这些成长可就都没有了。

让我自己都有些意外的是，在经历了也懂得了那么多让我错愕的事情之后，我还保住了筑造精神家园的愿望和力量。

昨天，我写的阅读指导手册《喜阅读出好孩子》又被推荐。这一次是湘鄂赣3省专家联合推荐30种优秀图书，这本书是其中一本。以前这本书被推荐，其实，每一次我心里都有些酸溜溜的，我总想着：我是儿童文学作家啊……但是，在我决心一生从事教育后，我很高兴地接受了这一类的消息。

昨天，我同时收到一位萤火虫分站的站长给我留言。她生活在一个偏僻的小县城里。刚落成的县图书馆数次主动电话邀请萤火虫分站以图书馆为基地，开展活动。她说："我从昨天到现在把分站的活动进行梳理制成视频，反复播放是想看烦了不再让自己的眼泪流下来。"

我说："你眼泪倒是没有流下来，我的眼泪快流下来了。"

写到这里，昨天没流的泪，今天流下来了。

因为，我知道，坚持到这一天，有多难。

我知道在这片大地上，还有很多很多县城，没有图书馆，还有很多很多美好，反而被视为异类，还有很多不公，很多愚昧，很多肮脏……被人们唾弃的，都在阳光下存在着。

我知道，因为我亲眼见过。

我知道，所以我曾经想离开新教育。所以我这一岁中，有大半年，都在想离开。我懂得了功利的法则，我也想那样生活。那样不仅活得轻松，而且能成为世俗中更有成就的人。

改变这一切，需要很多很多的人，很长很长的时间，很大很大的力量，前赴后继，坚持不懈。这很难。

但是，文明的潮水，终将漫过一切藩篱。这些藩篱，要么摧枯拉朽，要么焕发新生。

"如今我走到了人生的十字路口，我知道哪条路是对的。毫无疑问，我知道。但我从不走，为什么？因为太艰难了。"这是一部经典影片中的经典台词。

一个人，当然难。

如果，是一个人，又一个人，再一个人呢？

我下定了决心，要成为其中的一个。显然我并不是唯一的一个。

这一岁，在我的本职写作上，我的书出版为0……

我的个人文集，2015年底已经规划完毕，编辑已向出版社报好选题，最终，因为我实在没有精力，准备在2016年11月出版完毕的文集，根本一个字都没动呢。

我的新作，在同年8月也公开发誓交稿，结果，还是没能完成。不是我不努力，是真的没有精力。

我想离开新教育，这也是为之焦虑的一个原因。因为，生命总是有限的。

但是，我留在新教育，就愈发热爱新教育。

因为这里有更多人，我们的努力可以造福更多人，我们可以让一切美好加速。

我之所以在经历很多之后，还保有筑造精神家园的愿望和力量，之所以我的爱不少反多，不是我比其他人好，仍然应该归功于上天的眷顾。

——因为我无力点亮自己时，我身边的人们在照亮我。

谨以此文,纪念我确定的道路——把我的幸运,化作更多人的幸福。就在这一岁。

(2016年10月4日)

2017年元旦：善良的标配是智慧

亲爱的萤火虫们，敬爱的师友们：

新的一年，在几个小时后，即将到来。

此刻，我正和一群来自四川、湖北、山东、陕西、江苏等全国各地的一线老师们"泡"在一间宾馆里，进行说写课程项目的研究。

在文学的路上，尽管一直得老师守护、有好友交流，毕竟文学注定是自我孤独的修炼，我早习惯了独来独往。我，尽享清闲。

在教育的路上，尤其因为我带领的是一支以义工为主体的全国团队，因此，注定了，他人的节假日是我们的欢聚日。我们，想"改善"世界。

改善世界，仅仅有爱，是没用的。

我一直认为，世界并不缺少爱——是的，直到今天，我仍然这样认为。

我认为，恰恰相反，冷漠的原因，是因为有太多的心，曾经为了爱熊熊燃烧，然后被灰烬掩埋。

心为火种，生生不息，点亮自己，照亮他人——这是我们团队的灵魂。

问题是，所有燃烧的心，都有熄灭的可能。只有根本没有燃烧过的心，才绝对不会熄灭。

心，怎么才可以一直燃烧？

每一次燃烧的灰烬，都要耐心地拨去。

正确的事，我们必须用正确的方法去做，一定得有办法，有智慧。

亚马逊创始人 Jeff Bezos 在普林斯顿大学 2010 年毕业典礼上，讲过一句话："聪明是一种天赋，而善良是一种选择。"

想要世界美好，必须促使更多人进行正确的选择。

在2016年，我做出了选择——不放弃文学，同时一生从事教育。

我在选择之前，经历过很大的挣扎。对于我这样从小被衣来伸手、饭来张口的娇惯，本质上很懒惰懒散的人来说，下决心勤劳一辈子，真是不容易呀。

最终做出这样的选择，是因为我遭遇了你们——善良美好的你们。

本来我还以为，我选择了勤劳，从此，我就会苦大仇深悲壮起来呢。

没有，完全没有。不仅如此，我还越来越平静，坦然，欢天喜地。

尽管真的很忙，尽管的确挺累，但是，我享受我创造的生活。这种感觉，真不错。

我衷心盼望，你们每一个人，也能热爱自己创造的人生。

在2015年的最后一天，就剩下最后一个问题——

让我们努力成长，努力成长，努力成长吧！因为，我们迫切需要，用智慧为善良护航！

笑嘻嘻的　童喜喜
（2016年12月31日 20∶27
于北京星程宾馆）

附1：童喜喜2016年工作十大事

一、7月，确定一生同时从事写作和教育。

二、1月创刊《教育：读写生活》杂志，并担任执行主编。

三、《影之翼》签署改编电影协议；图书推出日文版。

四、担任IAP精英大使，两次全程参加，深入了解。

五、全年统筹出版《新教育文库》各类图书23部。

六、作为核心成员，深度参与新教育年度主报告、新教育晨诵研制报告、教师书目研制报告的研究与写作。

七、阅读推广上，《喜阅读出好孩子》出版近3年，一直位列畅销排行榜，仍在获得各种奖励。"新孩子乡村阅读公益行"第二批 100 所学校招募一周之中顺利完成。

八、品质不赖、数量不多地基本完成《河南教育》专栏,应邀明年继续……我得再勤奋一点!

九、和朱永新、许新海老师合作并带队主编《新教育晨诵》(已出版 14 册),稿费 100% 捐赠新教育实验——我想说的是:我完成了 1568 首诗歌"思与行"的编写乃至重写,我没想到我竟然又做到了,嗯!

十、没有出版新书,文集没有整理。不过本来是为了来个五周年告别教育文集,既然不告别教育,也不急了……请叫我"童有理"!

附 2:新父母研究所 2016 年十件大事

一、《教育:读写生活》杂志创刊。

入选《中小学馆配期刊目录》教师类期刊 20 强。

二、团队合作研发的《新教育晨诵》(14 册)如期出版。稿费 100% 捐赠新教育实验。

上市一周热销 35 万册。已为新教育兄弟机构捐赠稿费 300 万。

三、负责管理的新教育实验网络师范学院健康运转,学员达 1464 人。

获教育部在线教育研究中心举办的"在线教育奖励基金(全通教育)2017 年度优秀项目奖"。

四、全年统筹出版《新教育文库》各类图书 23 部。

有 3 部图书(《36 节电影课养成一生好习惯》《新教育晨诵》(14 部)《中国中小学教师基础阅读书目 导赏手册》)入选《中国教育报》2016 年度"教师喜爱的 100 本书"。

五、承办"领读者大会",在国家图书馆成功举办。

继此前小型合作基础上,与新阅读研究所首次大型合作很圆满。

六、承办的首届全国"新父母年度人物"评奖圆满完成。

中国教育电视台录制 10 期节目,在黄金时间 19:30 连续播出。

七、萤火虫亲子共读、种子教师计划、电影课等公益项目稳步推进。

萤火虫家校共读项目获中国互联网新闻中心、中国网主办的"中国好教育——助力教育热心公益项目"奖。

八、在成都天府新区政府采购中,承接该区域内幼儿园、小学、中学的阅读项目。

已开展的第一期培训工作，获一致好评。

九、以"点亮自己照亮他人"为核心的新教育萤火培训，继续理念与方法并重、理性与感性兼具的探索。

萤火虫之夏、全国种子教师研训营、新教育的一年级、新教育晨诵、萤火虫亲子共读全国网络讲座等各类品牌日益深入人心。各类网上网下的培训、讲座，全年共开展活动1307次。

十、新父母研究所于11月23日晚召开五周岁网络庆典。

从心出发。重新出发。

2017年生日：朋友是精神的家人

2016年的今天，我在总结中发现：一年中，我出版图书为0……向出版社申报选题已被批准、规模达20余部的"童喜喜文集"未有进展……

身为专职作家，这实在很过分。

新的一岁中，我开始了亡羊补牢行动。

这一岁，我个人出版了2本新书，8本书重印。

4月，《网侠龙天天》系列由二十一世纪出版社重印再版，共8本。

本系列图书由百度宝宝知道、中国教育学会IAP中小学生综合竞赛权威推荐，由著名儿童教育家卢勤、《儿童文学》杂志前主编徐德霞、著名教育家朱永新、《时代教育》杂志执行社长姚曦、公众教育科学研究院院长张勇联袂推荐。

7月，《新父母孕育新世界》由湖南教育出版社出版，本书是教育理论专著。

中国青少年研究中心家庭教育首席专家、研究员、中国教育学会家庭教育专业委员会常务副理事长、首都师范大学特聘教授孙云晓老师作序推荐："总之，《新父母孕育新世界》是一本难得的好书，是一本志存高远，眼界开阔，对世界、对未来负责任的一本书，是一种生命的思索和感悟。"

9月，散文集《十八年新生》由湖北教育出版社出版。

国际儿童读物联盟副主席（IBBY）张明舟老师作序推荐："童喜喜和她的伙伴们对教育、对教师、对儿童的深切关爱和超人般的努力和实践，使我阅读期间数次哽咽甚至落泪。"

这一岁，我以新教育义工身份开展的工作，也在齐头并进之中。

作为主编之一并率队编撰执行的《新教育晨诵》幼儿园—小学6年级（下册）、7～9年级（上册），共计9本图书出版。

作为主编的《教育：读写生活》杂志，12期正常出版。

作为出版统筹，已推动出版新教育图书7部。分别为《行动的力量——新教育实验实证研究》（叶仁敏著）、《新教育实验：为中国教育探路》（朱永新著）、《教育行者的坚持》（许新海著）、《让梦想开花》（李镇西著）、《儿童有一种未知的力量》（朱永新著）、《新教育的古诗课》（苏静著）、《初三语文的阅读奇迹》（王桂香著）、《那三年，我陪你走》（王芸著，黎志新点评）等。正在统筹协调暂时尚未出版的书稿若干。

作为组织协调者，我也在继续分管着新阅读研究所，协助推动着一些工作的深入，如新教育种子计划项目、萤火虫亲子共读项目、新教育实验网络师范学院、领读者大会、领读者联盟等。

作为新教育中的一名义工，我所做的任何一项工作，既是共同体协调推动的结果，也是集体智慧的结晶。

能够和不同的思维碰撞出火花，增进智慧，能够和身处天南地北的人朝夕相处，增添了解，与这样一群执着于事的人共同投入到具体事务中，执行再难，误会再多，甚至无论结果是否尽如人意，都是让生命丰盈的可贵经历。

这一岁,最值得铭记的,当然是"童喜喜说写课程"的研究,取得了重大进展。

从 2010 年春到 2017 年夏,从小名"口头作文"到大名"说写课程",我带着伙伴们一起探索着,真正堪称摸爬滚打。

经过长达 8 年的奋力前行,到了这一岁,我们终于获得了一些智慧结晶,它们以图书的形式问世。

《童喜喜说写手账》,围绕儿童成长的 9 大主题,为儿童赋能、为父母分忧、为教师助力,供儿童自主阅读,自我教育。

《读写之间说为桥——童喜喜说写课程实战攻略》，讲述的是我和伙伴们以最真实的故事、最简洁的语言，呈现出探索过程中的一些经验，让教师、父母甚至年龄稍大一点的孩子，都可以从中有所借鉴，这是我们的心愿。

以"童喜喜说写课程"为核心启动的"喜阅教师公益项目"，在 20 天报名期间，申请者达 1337 人，10 月 2 日公布招募人数 1291 人——不断有老师反映自己报名但提交出现问题没有报上，也出现个别的反映自己提交过两次，统计中重复的情况。

无论如何，这一千多颗心，值得我珍惜。

这一岁，当然有遗憾之处。仅这半年中，就数不胜数。5 月，我应邀在泰国举行的"第三届亚太地区 IBBY 国际儿童读物联盟大会"闭幕式上，做了《以儿童阅读创造数字化时代的未来》的发言。因为我在去泰国之前就没有准备，临阵磨枪的结果是：我的发言全程使用中文……

6 月，"喜阅会"重新启动之后，一直没有做到为义工们提供好的服务。对如何真正让阅读向前一步，一直未能发现更为有力的模式。

7 月，应邀担任公众教育科学研究院的副理事长兼副院长之后，举办的"IAP 新父母成长学员"有了个开门红的好成绩。但是，后续乏力，一直没有推进。

8 月，经过没日没夜近两个月暑期喋喋不休之后，我进入了一个多月的绵延不绝咳嗽期，被诊断为慢性咽炎。不过，目前状况好转，新的一岁，有望即将开始"大放厥词"。

这一岁，需要感恩的人太多。此处不逐一列举。稍后再逐一联系。

我一直说，朋友是精神上的家人，家人是生活中的朋友。这一岁，时光把这句话淘洗得更加璀璨。

在新的一岁中，我将竭尽全力，把我所拥有的，与他们分享。

我到我们——这是一条艰辛甚至艰险之路。跌跌撞撞，误打误撞，我走到了这里。

我爱你们——在一年之后的今天，我终于可以说：我爱你们，不仅有心，而且有力。

愿我们在新的一年中，认认真真，欢欢喜喜。

让我们一起行动，筑造我们的精神家园。

新的一岁，我会为了我们更加努力。

（2017 年 10 月 4 日）

2018年新春：每一个今天，都是生之庆典

亲爱的伙伴：

新的一年又开始了。

你们大部分人都远在天南地北，我一年也见不到几次。

随着我的职务越来越多、越来越复杂，你们的身份也让我越来越难以分辨，我本来已经决定，再也不写这样的新年问候信了。

但是，今天好几个人在催问我。

听我说了理由之后，他们全部表示奇怪，说："正因为距离遥远，你不是更应该集中起来给大家说一些话吗？"

我想了想，可能的确如此。因为我和你们的关系，和其他人不同啊——是"我们"。

无论是大人还是孩子，是教师还是父母，是帮助我的人还是我帮助的人，你们在我心中，有一个共同的称呼，那就是——伙伴。

结伴而行，在一段时空之中，在生命的舞台之上。

我们相遇，彼此互动，扮演着不同的角色，演绎出共同的人生故事。

刚刚过去的一年，又有着许多新的篇章，在真实地书写着。

就像昨天晚上，我看着"喜阅教师公益行动"的作业，看着一段段仅仅半年中的改变，不觉中又流泪了。

是的。我从文学界走进教育界，已经很多年了。

过去了这么多年，听到了太多一线的故事。我看见了很多美好，也越来越能够分辨出虚伪与丑恶。

但是，每一次震撼，仍然让我猝不及防，每一次泪水，还是如此新鲜。

有已经行动一个学期的老师说:"何奥楠同学的周记记叙了自己一二年级学习成绩都是不及格,自从升入三年级,经过说写课程和我的引领,她慢慢地对学习有了信心,成绩越来越棒……看着眼前的生命这样的成长,我深切地感受到自己作为教师的幸福以及存在的价值,学生进步,我比他们还开心!"

有一个学期没有行动,刚刚给儿子报名参加"童喜喜说写课寒假儿童班"的老师说:"昨天在飓风老师的引领下,一年级的儿子说了300多字的说写作文,今天给他念了飓风老师在群中的点评,他的兴奋之情溢于言表。今天齐齐老师布置的课题是"门",儿子又说了300多字。而且说的是一个我完全无法想象出来的神奇的故事。如果说之前的学习是在理论上得到了一些启发,那这两天和儿子一起体验说写作文,才真正让我感受到说写课程的神奇。在之前的学习中,我并不是一个好学生,但在未来的19天的说写作文学习中,我决定和儿子一起做个好学生,每天认真完成老师布置的作业,把思考和行动结合起来,形成爱说爱写的好习惯。"

这样直面一颗又一颗滚烫的心,一点又一点真切的改变,我怎么可能漠然呢?

静静流着泪,我想起了一段往事。

2011年,我曾经写过一本报告文学集《那些新教育的花儿》。有一位熟悉内情的朋友读后评论说,"童喜喜写的只是她眼中的那个世界"。言外之意,那并不是真实的教育世界。

这几年之中,我也一再痛苦地发现,真实的教育世界的确不像我想象的那么简单。

可是,就在昨天,就在我仍然会为了人的改变流泪的那一刻,我想:"为什么我看见的美好,就不是真实的世界呢?"

即使真相永远是立体的,那也不意味着,我看见的美好就不是真实的。

所谓力量,就在于能够呵护自己心中的真实。

强大的力量,甚至可以把心灵中的真实变为尘世生活中的真实,把个体的真实变为群体的真实。

有了足够的力量,就能把生命的每一天都变成一场生之庆典,毫无畏惧,满怀喜悦,且歌且行。

亲爱的伙伴，你能够感受到你自己的力量吗？

无论你是否能够感受到你的力量，我都想告诉你："我们有力量，因为，我们并不孤独。"

就像一个小时前，我收到了的李栋老师的一句留言。

李栋老师是芬中教育协会（FICEA）执行副主席兼秘书长，我只见过他两次。

第一次是 2015 年年底，我在台下听他讲芬兰教育，兴奋不已，跑上前留下他的联系方式。第二次就是两年之后的 2017 年年底，我邀请他为"童喜喜说写课程"全国研讨会暨新孩子校长联盟第三届研修班做讲座。

其间，我们几乎没有什么交流。

而且在我主办的活动中，对李栋老师等嘉宾招待之简陋，我除了表达惭愧……还是只能表达惭愧……

李栋老师的留言，是让我不要客气，他说："基础教育界，需要像您这样拼命硬干的，看到您所做的一切实在令人敬佩！今后如果能帮到您的话，一定尽全力！"

李栋老师的话，让我一下子就沉默了。

我实在不知道说什么才好。

我有什么让这些人敬佩的呢？

不是我故作姿态，更不是我希望夸奖得明确一些，我实在有太多不懂的问题。

我一直说，每个人有着我这样的经历，就会做出我做的这些事，而且肯定比我做得好——我实在太蠢了，太欠缺做事的经验了。

过去的 2017 年，正是团队伙伴集体教育我学会正常人思维的一年。我一直在努力学习，可是，至今还是有许多问题，我实在想不明白。

比如今天李栋老师这样的留言。

这些师友们明明来帮助我，无论从学识和行动上，值得敬佩的分明是他们啊！

为什么应该被夸奖的师友们，常常总是反过来夸奖我呢？

为什么这么多其实从世俗人际关系上是陌生的、只是我心里把对方视为师友的人，总要帮我呢？在这一点上，因为我经常就这样无故得到这样的帮助，说句欠揍的话：

"本来我根本不相信命运前生之类的，可这些师友帮我帮得我只能认为，估计是他们上辈子欠我的……"

李栋老师，是师友中的一位。人生这一路，我一直遇到类似李栋老师这样的朋友。恐怕不下 100 位了吧？

人世间有许多假丑恶。我不是白痴，当然也实实在在感受到了。

但是，我从这些师友身上，汲取着光明，汲取着温度，汲取着勇气，汲取着智慧。这绝不是我夸张。

我说，我是一个传播者，只是把我从师友身上汲取到的爱与美，传播给他人，这也真不是我谦虚。

为什么我看见的世界，和别人看见的世界不太一样？是因为我总是看见了我的师友们啊！

亲爱的伙伴，我多么希望，把我看见的这一切，尽可能完整地传播给你呀！

在这纷乱世间，我多么希望，你能够看见我看见的美好。

这些人，是美好的。和这些相反的那些人、那些事，又何尝不是有趣的呢？

如暮暮朝朝，如四季更迭，如花儿开放又凋零，如鸟儿飞翔又栖息，如云舒云卷，如暴雨倾盆……只要我们愿意，一切都可以美好。

不仅因为我们并不孤独，还因为成长就意味着力量。

我们可以把每一个当下创造为生命的庆典，从而抵达未来。

新的一年就这样到来了，亲爱的伙伴，我愿和你一起变得更有力，继续努力。

"喜阅"同心，"说写"同行。同心同行，无怨无悔。共勉。

你的伙伴　喜喜

（2018 年 2 月 16 日）

2019 年元旦：凡人皆英雄

亲爱的伙伴：

新的一年，如期而来。

人类总是如此情绪化地贪恋美好的一切，却对其同时存在的另一面视而不见。

就像人们常常赞颂英雄，却把凡人树立在英雄的对立面，似乎不超越凡人，甚至不凌驾于凡人之上，就无以成为英雄。

那么，你呢？我呢？

刚刚过去的 2018 年发生过很多事。让我印象最深刻的，是秋季一天的北京火车站。

那一天，我非常累。

那种纯粹而又干脆的劳累，就像从每一个细胞里涌出。强烈的疲惫感导致的厌倦感、引发的虚无感，瞬间彻底淹没了我。

我拖着行李走下车，在人流中向前。十几分钟里，我就像置身外星球，完全不知自己身在何方，心中汹涌翻腾的只有一个问题，那就是：我这是在干什么？

我为什么要这么辛苦？我已有的作品，已经足够让我生活得比上班族里的中产阶级还要稳定滋润。我这么辛苦，到底要干什么？

我这是在干什么——这个问题没过几分钟，就有了答案。

因为我无意中看见了身边的人群。

就在我的身边，有着形形色色的人——

有背着巨大行李茫然四顾的人。包裹顶在后背上，看上去就像一只蚂蚁扛着一粒米。

有靠在墙边睡觉的人。不值钱的家当就在身边，蜷缩着滑倒在地上。

还有更多像我一样前行的人。但是，他们匆匆的脚步，焦灼的眼神，一眼就能看出他们想要抵达的目的地还距离遥远……

这一瞬间带给我的震撼，超过了2018年这一年其他所有事情加在一起的总和。

看着这些人，我的心中与其说是怜惜，不如说是敬意。因为，我眼中的他们，是平凡生活中的英雄——凡人皆英雄。

当我看向自己时，觉得疲惫、厌倦、虚无。

当我看向他人时，顿时充满力量。

那个瞬间，让我再一次清晰了，我要干什么。

我有力量，能够帮助这样的人生活得美好起来，我想这么做，我也应该这么做。上天给我如此之多的幸运，不是只为了让我独自享受的。

我只有战胜我选择的生活，才能成为我想成为的我。

曾经，我写过一句话。那是2015年，"新孩子乡村阅读公益行"走完100所乡村学校之后，我写道："我没有绝望的资格。"

时隔三年之后的秋天，同样面对生活，我需要写下另一句话，记录这件事的另一面——凡人皆英雄。

生活，是浩浩荡荡的一道洪流。

对每个人而言，无论男女老少，都面临涌向自己的洪水。漩涡激流，每一个人都有所感受，必须承受。

如果一个人把世俗名利上的成功，完全等同于自身的努力，那是对命运的视而不见。那样的狂妄不仅幼稚，而且愚蠢。

但是，任何人，是的，我们每一个人都可以赢得一种成功，那就是成为生活的英雄——永不屈服，永不放弃地活着。

每一个活着的人都是英雄。因为生命不需要意义。生命的存在本身就是意义。我们此时此刻的存在本身就是生命的胜利。

为此，我们愈发理解那些中途放弃的人们。当他们选择提前上岸，必然已经竭尽心力也无法逾越。他们用生命标识出触碰过的险滩急流。

理解他人的放弃，我们每一个活着的人，都应该更深切地为自己自豪。

尤其是你，我的伙伴。

如果你是和我一起践行说写课程的孩子们，或许你会为大家的成长吃惊，为成千上万篇文章而自豪。

如果你是和我多年成长的种子教师，或许你会为我们8年深度耕耘，成为新教育一线的不灭火种而自豪。

如果你是和我共同投身公益行动的萤火虫义工，或许你会为我们7年中的近8000场全免费的阅读公益活动自豪。

如果你是和我并肩探索说写课程的喜阅教师，或许你会为"喜阅教师公益行动"在16个月中汇聚的3116位同行者而自豪……

可是，此时此刻，在这2019年的第一天，我不想再说团队，再说群体，我只想说你——亲爱的伙伴，你应该为你自己而自豪！

在这个时代，个体正在崛起，群体悄然重组。从大家庭到小家庭的重组，单位到团队的重组，乃至以利益或信仰为核心的国家或民族，都面临着人类在更大范围内的重组。

重组中，旧的规则都在陆续被打破，新的规则在如盲人摸象般一边探索一边缓慢建立。无序中涌动着危机，也萌动着生机。

所以，亲爱的伙伴，请为你自己而歌唱吧！

旧的一年，无论荣耀还是挫折，都已经成为2018年的生命勋章。

新的一年，愿你更加细心地爱自己，愿你更加耐心地爱身边人，愿你更加智慧地爱他人和远方。

我们因为阅读、因为写作而相遇，这相遇本身，就已经把文学和教育融为了一体。

亲爱的伙伴，让我们都成为自己的英雄。

面对生活，就像从未活过那样，度过新的一天。

把认真生活的每时每刻，凝聚记录为精神的生命。

2019年，让我们以行动，绽放生命的光芒！

你的伙伴　童喜喜
（2019年1月1日）

附：童喜喜2018年工作小记

一、儿童文学创作上，继续尝试新体裁。

我的童诗集《萤火虫的故事》纳入知名品牌"中国最美的童诗"系列，由重庆出版社出版。

二、教育理论新著出版，受到专家和读者共同认可。

《智慧行动创造教育幸福——新教育实验十大行动理论与技巧》由山西教育出版社出版。该书一度成为当当社会科学之教育新书榜第1名，3个月后重印。

被新教育实验发起人朱永新教授誉为"建构了十大行动的方法论"，被美国麻州大学教育领导学系主任严文蕃教授誉为"新教育实验十大行动的2.0版本"，被新教育研究院常务副院长陈东强誉为"内容全面、操作性强、读来有趣、富于创造"。

荣获《中国教育报》评选的2018年度"教师喜爱的100本书"。

三、两套儿童文学系列修订后再版。

与李西西合著的"百变王卡卡"系列由浙江大学出版社1月再版，在国家图书馆举办新书发布会。被《中国教育报》评选为"2018年度致敬童书20强"。

我的童书代表作"嘭嘭嘭"系列由新经典文化有限公司4月再版，8个月内5次重印。

四、《喜阅读出好孩子》荣获"家庭教育影响力图书奖"，并在3年内重印5次后，继续由湖北教育出版社推出修订版。

五、作为新教育实验年度主报告研究团队的核心成员，深度参与新科学教育主报告、新人文教育主报告的研究与写作，在教育研究上有所学习和进步。

作为新教育义工，历时三年半，义务主编并整体统筹《新教育晨诵》幼儿至高中全套26册、配套手册《让生命放声歌唱》1册全部完成，由安徽少儿出版社出版。《新教育晨诵》系列图书被推荐纳入《中华诗词发展报告2017》，收入《中华诗词年鉴》。

六、继续探索说写课程，备受专家关注与肯定。

继国际儿童读物联盟（IBBY）张明舟主席、美国麻州大学教育领导学系主任严文蕃教授从2017年正式发布就给予盛赞之后，加拿大专家、国际安徒生奖评委会主席帕齐亚当娜称赞说写课程是"能帮孩子们最大限度发挥潜力的伟大工具"。

美国休斯敦独立学区研究部研究员叶仁敏博士带领团队，顺利完成两轮实证研究。山东省诸城市作为实证研究取样基地，市教育局报告中指出："每周二至三次的说写练习，3个月的坚持，学生的写作能力得到了显著提高，提升幅度为10.32分。"

七、带领团队主攻网络课程研发新技能。应邀与两大机构成功合作。

全年为教师、学生、父母等不同对象，推出不同内容的网课共10套。

教师类课程近8000人次提交作业，父母类课程有近3500人进行学习，儿童类课程近3万人次学习。

八、为写作教学摸索新模式。

深入一线专项研究近一年，改进并正式推出说写课程基地学校模式，不依靠师资力量，以学生"自主学习，自我教育"为核心展开。

该项目对贫困乡村学校免费服务。半个月中，第一批近百所学校主动申请。

九、在公益项目上，我和团队伙伴正在精耕细作。

诞生一年的"喜阅教师公益行动"，累计有3116位教师注册学习。

新教育种子计划项目、萤火虫亲子共读项目，历经多轮研讨，推出义工评价体系。

"童喜喜说写课程"全国百万公益巡讲，我和团队一年中走进山东、河北、内蒙古等近十省市，讲座现场听众达138680人次，中国网教育频道以专题跟踪报道，荣获2018年度"中国好教育——助力教育热心公益项目奖"。

十、这一年，我以几个新发言，整理了新思路。

4月美国哈佛中国教育论坛，《让世界听见儿童的声音》；9月希腊第36届IBBY世界大会，《童书孕育未来》；10月中国教育学会2018家庭教育学术年会，《新家风鼓起信息时代家教之帆——新家风的养成原则和技巧》。

2019年重生：我是我——关于辞去新教育理事会副理事长、新教育研究院副院长的公开说明

友情提醒：字多事多，八卦啰唆。

1

我是作家。专业作家。有志于教育公益事业。

从1999年资助失学儿童开始，推广阅读，山区支教，汶川捐赠……

我已持续行动20年，其中，在新教育10年。

2011年11月23日，我开始担任新教育亲子共读研究中心主任一职。

这个职务，是朱永新老师（时任新教育理事会理事长），在未告知我的情况下，直接宣布任命的。

我当时不明所以，盲目接受了。

半年后，随着机构更名，职务也更名为新父母研究所所长。

2015年的年会，宣布我担任新教育理事会副理事长、新教育研究院副院长。

此时我对职务已有初步认知，坚持拒绝。

但是，在新教育核心管理层几位老师的反复邀请、劝告下，还是勉强接受了。

上任3天，我就申请辞职：当时年会返程的机场里，我给几个人打了很久的电话，反复解释，要求辞职。这一幕，一起候机的卢峰博士亲眼所见。

2016年7月年会后，我曾正式组织团队近十人开会，讨论辞职的相关事宜。

这两次辞职,我早有文字记录,并在《十八年新生》一书里出版。

…………

总之,不是今年才突然想辞职。更不是前两天才突然辞职。

辞职后,我留下了一张合影,并写道:"今天最有意义的合影——和朱永新老师的学生卢锋博士。"我俩找半天都没找到人帮忙,还是坚定地自拍两张。为什么最有意义呢?我先不说。谁愿意猜猜?

最有意义的原因是,他见证了我的上任与辞职。

2

我是作家。

20多岁,我已经成为省作家协会的合同制专业作家。2003年,我写出我的第一本儿童文学作品"嘭嘭嘭"系列,一直长销至今。今年,这本书在一年内印刷了18次。

我有一个编辑朋友,叫猿渡静子。

她是日本姑娘,中国媳妇,北京大学的文学博士,作家曹文轩的学生。

我曾介绍她是翻译家。她说:"我不是,我只是翻译了300多本图画书而已。"

10年前,我曾向猿渡静子投稿。她当时负责外国作品的引进,未能合作。

10年后的2017年,她突然从微信公众号上找到我,说:"我开始出版原创作品了,第一个想到你。"

此时的她,是新经典文化有限公司副总裁。这是国内第一家上市的民营出版公司,这也是她博士毕业后唯一的工作单位。

当年做版权引进工作时,猿渡静子做过很多不一样的事。

诺贝尔文学奖得主加西亚 马尔克斯,他发现中国没有任何授权,却到处盗版他的作品,公开宣布:"死后150年都不授权中国出版其作品,包括《百年孤独》。"

2005年7月开始,猿渡静子给自己设定目标:用5到10年的时间,拿到《百年孤独》的授权。

用了4年半,猿渡静子为中国拿到了正式授权。是她让中国人从此读到了正版的世界文学名著《百年孤独》。

为了支持我，猿渡静子参加了我主办的教育培训，从美国返回没倒时差就奔往会场，为我的种子教师们讲座——免费。

为了我的文学和教育，她和我商谈（争论）过很多很多次。

2018年9月8日，猿渡静子对他人说到我的文学创作，她评价道："喜喜是一个讲故事的高手，她在儿童文学的创作方面，讲故事没人能超过她。她比曹文轩老师讲故事还要讲得好。她讲故事讲得特别自然，其实她是把很多内心的情感、想让孩子去思考的东西，全都融在故事里面。看故事会看得很激动，但是，看完故事之后，孩子是有思考的。我觉得她真的是一个写儿童文学当中故事最精彩的作家——没有之一，真没有之一。她的故事没有编造的痕迹，就会觉得很自然。她的对话，她的故事的推进、展开都很自然。为什么我这么喜欢《嘭嘭嘭》？就是她的想象力。这本《嘭嘭嘭》的想象力是一般人做不到的。摘除'嘭嘭嘭'（注：'嘭嘭嘭'在书中指的是爱），一般作家真的是没有这样的一种想象力。除非是非常经典的、大的、非常大的、了不起的作家，才会有我们说的想象力的张扬，才有那么张扬的想象力，《嘭嘭嘭》就是这样的一部作品。"

4月15日，猿渡静子再次说到教育占用了我过多精力，面对面地说："喜喜，像你这样的才华，如果不好好努力写作，会遭天谴的！"

感叹号不是乱加的。当时的她，远比一个感叹号激动。

6月7日，我在一年半的合作中，第一次答应做签售活动。

猿渡静子赶到嘉兴陪我。

活动中，猿渡静子坚持上台帮我翻书，对我说："为自己的作者翻书，是一个编辑最幸福的事。"

活动结束，当着嘉兴其他老师的面，猿渡静子再次重复了她的"理论"——我不好好写作会遭天谴。

然后，她晚饭未吃，连夜赶回北京的家。

在家里等她的，有她出国留学刚回国度假的儿子。

那一天是端午节，是她的生日。

我必须写出更好的作品。

猿渡静子老师。

在那天深夜，我写下了给她的生日祝福——

> 此时的您，正在回家的火车上。此刻的我，仍然不知如何形容我的心情。
> 您是文学的化身。
> 我一定用心做好作家。
> 静子老师，祝您生日快乐！所爱的一切长长久久！

3

7月12日，作家梁晓声在新教育中美论坛上演讲——《论人文教育的当下意义》。

我听得泪流满面。

新教育研究院常务副院长陈东强坐在我旁边，看见了我流泪的一幕。但他并不知道我为什么流泪。

按照新教育理论，一个人可以给自己找一个榜样作为生命的原型，从而更好地成长。

新教育发起人朱永新老师就是这样的榜样。和太多新教育人一样，我也向朱老师学习。

梁晓声先生的演讲，让我感受到作家的力量。

有许多作家和我亲如家人。但是，正因为过于亲近，精神交流和柴米油盐混杂一起，反倒缺少这一份突如其来的震撼。

人生第一次我想到,如果我的生命要有一个原型,那么我的原型应该是作家梁晓声,只能是梁晓声先生。

这是我提出辞职的前一天下午。

7月13日,一位会务工作人员处理事务时,发生了一个小小意外。

我与该会务工作人员有一定私交。个人关系、情感基础,自认没什么问题。

但是,作家的本能让我清晰地意识到,此事本质是我已经被异化为一个符号。

我不是我,我是我的职务。

前车之鉴,向任何"新教育人"申请辞职,基本不可能成功。

我不想因各种挽留纠结,更不想再次辞职失败。

想来想去,只能直接对外宣布辞职。

先斩后奏才是不留任何退路——这几乎是唯一方式。

4

我是辞去新教育的领导职务,不是离开新教育。

辞职意味着不再负责新教育整体的管理工作,新教育的具体事务我还在继续协助。

放弃管理的责任,更好地专注于实务。

人生就是选择。

多年前,我辞去大型国企的工作。

那是在安稳生活和文学梦想之间,我选择了文学。

2018年6月,吴志祥先生(上市公司同程艺龙联席董事长)认可说写课程,主动提议以商业模式推进,由他投资合作,他亲自担任CEO。

我犹豫再三,反复确认他会当CEO后,同意合作,并告知我的团队:将把我个人股份,全部捐赠给教育公益事业。

年底,吴总发现情况有变,无法担任CEO,希望以投资人的身份协助我继续推进。

我毫不犹豫地婉言谢绝了吴总的好意。

不是商业低公益一等。德鲁克早说过，商业、政府、公益是推动社会的三大力量。

而且，公益是最晚出现的新生事物，力量最弱小。

只是我有志公益，已透支生命。一个人精力有限。

在商业和文学之间，我选择文学。

新教育和文学，是我做得最为艰难与缓慢的一次选择。

因为新教育实验的公益属性。

公益，关乎全局和平繁荣，关乎弱者公平正义。

我敬佩朱老师。我早就公开申明：我在教育上的所学，来自朱老师、张勇和另一位 2020 年 11 月我才可以公开说出姓名的老师。

尤其从 2017 年 1 月理事会开始，朱老师不再担任新教育理事长之后，对学问的钻研愈发专注而精细。我有幸参与其间诸多项目，在教育研究上受益更深。

我的任何教育研究，无论是学术还是管理，若有值得夸赞之处，都应该首先归功于朱老师的引领和指导。

我敬重与我共事 4 年的理事长们——许新海、卢志文、李镇西、陈东强。

我们之间，说没有分歧，绝对是假话。

年龄、性别、经历、个性……几乎一切特质，我和其他所有人都截然不同，包括职业。表面上大家都是理事长，实际上，我来自文学领域，他们扎根教育领域。

如此巨大的差异，没有分歧，才不正常。

但是，我可以自豪地说，群而不党，和而不同——这 8 个字，我们配得上。

我们以不同方式探索新教育。同时，我们进行沟通交流，互相理解是越来越多的，而不是越来越少的。

只是，我必须选择成为作家。

我只是有志于教育公益的作家。

5

正因我是作家，为此，格外感谢新教育师友的信任，让我承担了 4 年的教育管理工作。

对我而言，这实在是突如其来的重负。可是，阴错阳差答应之后，我还是认认真真地履职了。

遇到任何问题，我都会想到力的作用，力是相互的，如果我感觉他人伤害我，肯定我同时有意无意也伤害了对方。

这一点，是根本，成为我在管理上成长的起点。

我肯定谈不上是优秀的管理者。但我自评，绝对是一个合格的管理者。

这 4 年，在诸多师友不同方式的信任和支持下，我分管的新家庭教育研究院和新阅读研究所，作为自负盈亏的公益机构，生存基本无忧，未来发展可期。

尽管我是一个合格的管理者，但是，管理并非我的强项。

我对新教育的贡献，更多还是在具体实务上。

从 2009 年至今，我始终为新教育义务工作。

在担任新教育副理事长、副院长之前，我已经为新教育义务工作了 6 年。

作为记录者——

2011 年，我为新教育撰写了报告文学集《那些新教育的花儿》，稿费 100% 捐赠给新教育实验。

2014 年开始，我免费统筹或编辑出版了"新教育文库""新阅读文库"的数十部图书，这些新教育图书获全国性图书奖十余次。

2014 年至今，我承担新教育年度主报告定稿人的工作，2017 年开始朱老师亲自撰写数万字初稿，再由我融合团队意见，梳理定稿。

2015 年开始，我和朱永新、许新海两位老师共同主编，我个人垫付经费、亲自带领团队执行编撰《新教育晨诵》系列图书，将稿费 100% 捐赠新教育实验，又和朱老师共同梳理提炼新教育晨诵理论。

2016年开始，我个人垫付经费，创刊并免费主编《教育：读写生活》杂志月刊，直至2018年，将发行和财务工作交给山西出版方，我仍然负责主编工作至今……

作为持续捐赠人——

2009年12月，我向新教育捐赠第一笔《影之翼》稿费，这是开始，是我接触到新教育实验5个月后。

10年中，我向新教育捐赠的个人稿费和其他劳动收入，总计近600万元，全部投入到新教育的公益事业之中。

所捐赠的具体金额，将核算清晰后另行公布。

作为新教育的持续捐赠人、记录者，我的行动如上，定义亦如上。

其他理事长、许多新教育人、许多捐赠人，都对新教育有着不同形式、不同程度的贡献。

肯定有人比我贡献大。

我只是想说，作家是个人。作为个体，我尽力了。

辞职当晚，到第二天下午，新教育核心管理层的数位老师分别和我深入交流。

尽管仍挽留我继续负责机构、继续担任职务，但总体来说，我的想法得到了新教育核心管理层的高度理解和支持。

我特别欣慰。

6

在新教育"拥有"职务时，我不是任何新教育人的下属。

在新教育的职务，只是我勉为其难接受的一个头衔。如果谁认为我是任何新教育人的下属，那肯定是大大的误会了。

辞去这项职务，是因为我不想是，也不应该是任何新教育人的领导。

此前其实不是，此刻当然不是，今后更加不是。在教育中，包括新教育中，我只想帮助所有需要我帮助的人。我没必要领导任何人。

当我的静子老师说我不好好写作会遭天谴时，我说我无法再放弃教育，我说："因为世界上有很多您儿子那样的孩子，却没有很多您这样的妈妈！"

当时，我的眼泪夺眶而出。

静子老师的儿子，是我认为未来孩子的样子——14岁，到河北乡村小学支教，用他自己研发的音乐课程和英语课程。

人类需要这样的孩子。

我一直说：没有任何伟大的人，确实存在伟大的事。

新教育实验，就是这样一件伟大的事。真正的新教育，可以把很多很多普通人家的孩子，培育为人类需要的孩子。

伟大之事都是聚众人之力完成的。

我愿为此尽力。

接下去，我帮新教育做事，但不会再自称新教育义工。

我已发现，强调义工，似乎说义工比拿工资的人更崇高，成为对新教育专职人员的某种伤害。

我的本意从不愿伤害任何人。平等，尊重，承诺，我如何期待他人，首先要求自己。

新教育的明天，不是靠义工可以完成的。专职化、专业化是唯一出路。作为持续捐赠人，我会继续助推此事。

我要做的事真的太多了。

仅写作上就有那么多已经欠下的"债务"。

一套13本《童喜喜说写古诗词手账》，已经全书修订过8稿，正在继续修订。

一套18本"童喜喜教育文集"丛书，书稿有待继续整理。

一套 24 本"新孩子"系列童书，这是记录新教育老师和孩子真实故事的作品，有待继续写作。

大夏书系总编李永梅老师早就约了《未来教师》书稿。

人民教育出版社报刊分社副社长王林老师听说我辞职，笑说："你辞职了，出版社就扑过来了——你给我一本书稿啊。"

…………

以上作品之中，还没提到和猿渡静子老师有关的书呢。

写也写不完。

何况，我还想做一座桥。

我特别希望，在新教育中，我能够成为实验管理者和一线实践者之间的桥梁。

新教育发展蓬勃，也面临着特殊挑战。加入的实验区校越多，行政推动力量越大，极易引发的一线的反弹力量越大。

前些日子，朱老师在微博中特别反对形式主义的新教育，还特意将此微博置顶 3 天。

辞去职务，让我在新教育这个民间机构里重归"民间的民间"。声音更客观，行动更简便，沟通更有力。

何况，我还应该做更多的桥——

教育界和社会各界，城市和乡村，局长（校长）和教师，教师和学生父母……

当然，我必须先做大人和孩子之间的桥梁。

我会重新重视我的儿童文学写作，重新开始我与小读者们的见面。我必须把我的教育所学倾情倾注于此。

在发布的辞职信息中，我已说清了一切。本不该有这样一篇文字。

没想到，这些天来消息持续传播。我敬爱的老师们，初步估计有近百位老师，20多位校长，10 余位教育局局长或实验区负责人等，陆续而持续地表达关心。

甚至只有一面之缘的美国教授，也发来极为感人的视频故事、歌曲，对我的关怀不断。

甚至有没见过面的可爱校长，要求我开放微信朋友圈，好让他从头再看一看……

我被你们的光芒照亮，温暖。

这一切，将永远珍藏我心。

只是，近日我的事务一如既往繁忙。

"每颗心都是不灭的火种——全国新教育第十届种子教师研训营"于7月16日至18日在江苏泰州姜堰举行。

操心新教育种子计划的培训工作，接待全国各地各种老师数十批，团队总结会务工作得失，同时身在姜堰又应邀协助处理苏州的部分新教育工作……

直到今天，我才在归途中找到时间，详细告知。

2019年3月，我的两位朋友在这一个月中先后去世。

我的朋友很少，一下子失去两个朋友，让我在那段时间险些崩溃了。

现在我也没有真正"复苏"。

也许人生的某一部分，从此就随着我的亲朋好友们的离去，而离去了吧？

那也是应该的。

我和我的朋友阿丽达，在她美国科罗拉多州的家门口……

我和我的朋友张勇，在他北京的办公室……

这一切，都成为记忆。成为过去。

曾经，我写过一本书，叫《我找我》。

感谢新教育，让我用10年时间找到了我。

我想更纯粹更简单地做自己。

这样我才能赢得更多时间，珍惜真正值得我呵护的人和事。

有一年，我陪我妈回老家，表舅开轿车送我们。正值盛夏，车外骄阳似火，车内阴凉舒适。轿车拐弯，从柏油路上开进田野，我妈看着窗外，突然叹了口气，说："农民真可怜啊！你看我们在车里，还嫌不好，还要开空调，农民在大太阳下晒着不说，还要做事!"

事情过去了几年,每次想起这一幕,总想流泪。

这是我妈给我上的一课:自己好好活着,不要忘记呵护他人。

特别感谢,看到这里的你。特别感谢你的关心和支持。我相信,接下去的路上,有你。

感恩过去的一切。所有人与所有事,都是以不同方式,帮助我成长。

万水千山,我仍是我。

(2019年7月20日)

2019 年生日：今天是我的生日，我的祖国

1

这是我最伤心的一岁。没有之一。如果可以，我希望把我寿命的一部分，送给我的两位朋友，一位亲人。

除此之外，一切都不值一提。

2

3月，我的两位朋友突然离开人世——阿丽达，张勇。

突如其来的死亡，改变了我心灵深处的许多认知，改变了我的人生轨迹。

时至今日，我仍然不能确切地表述我这两位朋友的死亡给我带来了什么。

10月1日，我看着墙上阿丽达送我的照片，是她家乡的风景，我说了一句"这就是阿丽达的家啊"。就哽咽得说不下去。昨天，我突然又对朋友说："我终于明白为什么我会对张勇的死亡格外伤心。"

很多时候，我伤心得不断问我自己：童喜喜，你是不是太矫情了？你是不是太恶心了？你有必要这么没完没了吗？就你情深义重？朋友活着的时候，也没见你去多做了点什么啊！

9月28日，我参加二姨父的葬礼。二姨父曾是乡村代课教师，当初也是善良上进、工作认真的乡村年轻人，一生走在转正的路上。第一次，成绩还不够出色，不符合政策；第二次，成绩够出色，政策规定优先考虑校长等管理人员；第三次，成绩够出色，担任了乡村小学校长，这一次政策是优先考虑一线教学的老师；终于转正，工资仍然有限……直到退休，终于由国家统一发工资了，收入高了——二姨父出生于1954年，

去世于 2019 年，享年 65 岁。这就是一位乡村教师的一生。参加完葬礼，我赶回活动现场，那是 29 日，我的讲座是上午第一场。我问在座的老师们："如果你们此时此刻不幸福，还准备什么时候去得到幸福？"

3

幸福不外求，因为求不到的，需要我们自己创造。在信息时代，我们应该开始汲取福柯的智慧。这一岁，《新教育晨诵》的全套课件、教学指导音频课全部上线，可以供所有人直接免费使用了。

有多少人知道，到底什么才是《新教育晨诵》？为什么这种晨诵可以创造幸福？怎么做可以为老师、学生，甚至父母，同时创造幸福？真的没有多少人知道。

但我们终于学会了如何运用网络去传播这一切。截至今天，4215 人听《新教育晨诵》教学指导音频课。

其他研发也在继续。一生能做多少事？何况一年！

4

这一岁，我的好朋友伤心地对我说："以前的你可是一个小太阳啊！"这一岁，我更加清晰地明白了，我有多么幸运。我是小太阳，不是因为我比别人好，而是因为我被赋予的热量更多。

5

有多少人比我有天赋，比我有目标，比我有行动，比我有智慧……只是没有我幸运，所以，这些人没有得到我拥有的。

幸运的人应该多付出。

我的付出还不够。不是因为我不愿付出，而是因为我拥有的还不够多。我还需要更多学习，更多成长，更多积累，同时，更多付出。

可能，正是因为过于幸运，我才迟迟无法接受伤心的事。哪怕是事实。在加州大学圣地亚哥分校张正生教授的帮助下，昨天晚上，我和阿丽达的儿子终于正常对话了。

关于教育评价的专题稿件，也基本完成，张勇在人们心目中的样子，将出现在今年的最后一期杂志上。

2020年，还将是我的一位朋友逝世5周年。

新的一岁，我没有其他任何要求，只盼望我的亲人和朋友健康平安。

我会尽到我的责任，对个体，对群体。以性命托付者，以生命背负。让大家看见应该存在的，拥有应该收获的。我知道，我们今天的所有努力，都是在做一件正确的事。没有教育公平，就不可能有真正的教育效率。也许，我们最终还是看不见理想的世界。

但是，我们在朝着这个方向，用不同的脚，同样地踩出路来。

而且，我还有文学，描绘理想世界的美好。

国庆庆典中，好友转发的焰火视频让我怦然心动——人民万岁。

这是多么美好的一句话。

今天是我的生日，我的祖国。我是一只幸运的蚂蚁。然而，无数大与小的蚂蚁，幸与不幸的蚂蚁，组成了你。祖国，希望你的全体人民，包括那些偏远的、贫困的、病痛的人民，都能得到好的庇护，安居乐业——这是（每）一个最普通的中国人的心愿。蚂蚁也愿为此努力。

（2019年10月4日）

2020年元旦：每一滴悲伤都可以灌溉美好

亲爱的伙伴：

刚刚过去的2019年，是我从事教育公益20周年、为新教育实验担任义工10周年。

就在这一年，我连续失去了3位亲友。

我灵魂的知己，儿童文学评论家、美国加州大学圣地亚哥分校艾莉森 阿丽达教授，突然病逝。

我精神的导师，公众教育集团董事长、教育评价研究专家张勇，51岁猝死。

我生命的亲人，刚退休的乡村教师二姨父，从诊断患病到去世不足半年，享年65岁。

直到今天，我还不能描述，以上这一切对我意味着什么。

这一年的悲伤，是我至今无法泅渡的海洋。

9个月来，我一次次，沉沦。又一次，再一次，挣扎。

就在12月27日早晨，吃自助餐时，朋友坐在对面和我说起他们的死亡。我平平静静，却又不知不觉地泪流满面。

就在昨晚，我发了一则信息，以为可以就此总结着留在过去一年，没想到不说还好，提及此事，又一次被伤心袭击。

在特殊一年的最后一天，我读到一篇文章，讲述了77岁的周克希先生，从复旦大学数学系毕业后在东北师范大学执教28年，50岁辞职，投入自己爱好的法语翻译之中。

作者刘宽写道：

在这样一个热闹又疲惫的世界，在这个没有勇气交付、又没有热情赞美的现实中，大家忽然被这种最简单的力量唤醒——我们真正尊重的人，真正钟爱的事，真正信奉的价值，其实从来就是这样。唯有长久的行动，和真诚的交付，是可以抵御一切的。

…………

但真实的行动，仍然在以自己的方式在书写着历史。

…………

十年之后
万物皆有神圣法则
我们在同一精神里相遇同行

…………

但真正要缔造那样的美好时代，从来不是仅仅依靠几个知识分子或几个哪怕活跃、但却封闭的团体就能实现的。我们需要的，仍然是各个领域的、具体的人"长久的行动，和深沉的交付"。

…………

真正的"推波助澜"，是像大海里静谧、深沉的暗涌；是无论时代多激荡、人心多低迷，始终和坚信的价值站在一起的勇气。

我把这篇文章，认认真真读了几遍。
因为读得过于认真，以至于我忘记了究竟读过几遍。
我似乎觉得，我能够读得懂这篇文章里的每一个字，每一组词，每一句话。

回顾 2019 年，我唯一可以告慰自己的，是我没有放弃挣扎。
亲爱的人啊，如果人群中有一个痛苦的你看到这里，我想告诉熟悉或陌生的你：我知道我已经是人群中极其幸运的，你遭遇的痛苦可能超出我成千上万倍，那么，请你也要尽最后的气力，挣扎下去。

每一滴泪水，都有价值。每一滴悲伤，都可以灌溉美好。只要我能够由此学会一点什么，只要我真正因此有所行动。

这是我不断鼓舞自己的话。

再多的悲伤，也不是放弃前行的理由。

纵然死亡，也不可以成为中断行动的借口。

我们毕竟是人类，已经有着太多的方式和方法，可以超越死亡。

过去的一年，衷心感谢与我同心同行的人们。那些绝对的信任、无限的爱，我都铭记着。你们让我体会了人性的高度。

过去的一年，同样感谢与我道不同的人们。你们在另外的道路上前行，我虽是旁观者，却也因此领略了新的风景。你们拓展了我生命的广度。

2020年，我，还是在这里。

我们可以在一起。

挣扎的 喜喜

（2019年1月1日）

附：我的2019年十件大事

一、阿丽达、张勇、二姨父，去世。

二、历经10年，"新孩子"丛书9次修订，由安徽少年儿童出版社出版。12月面市，在多省缺货情况下成为当当童书新书榜第21名，一周加印2次。

三、第一部童诗集《萤火虫的故事》，由重庆出版社出版，获《中国教育报》"教师喜爱的100本书"、教育部2019全国中小学图书馆推荐书目。

四、和我尊敬的老师们共同发起"中国阅读三十人论坛"。有新的学习机会和工作平台。我要趁年轻为农村多做一些事。

五、说写课程研究深入：喜阅说写注册教师4638人；说写基地学校分年级课程上线;"童喜喜说写课程"全国百万公益巡讲,走进浙江嘉兴、河北隆化、四川旺苍、江西南昌、河南栾川、河南宜阳、河南伊川、安徽定南;第三届全国高端研讨会圆满召开;《创造奇迹的说写革命》一书初稿完成。

六、完成"嘭嘭嘭"系列第8部《麻麻岛》初稿。

七、作为新教育持续捐赠人、新教育义工,相关事务进展顺利:负责的新教育项目,第一次实现经济上的正常运转;连续5年担任新教育年度主报告团队定稿人,在朱永新老师指导下共同完成新人文教育研究;6月23日启动新教育种子计划基地学校项目,已吸纳授牌学校175所,预备校150所;11月23日萤火虫亲子共读项目8周年庆典,已有319个微信共读群,78个分站、200多个站点;负责的"新教育晨诵公益项目"获"中国好教育奖";协助严文蕃教授进行的世界最大教育单项奖"一丹奖"申报取得进展,朱永新老师成为有史以来第一位进入"一丹教育发展奖"前5强的中国教育人。

八、车祸。对方全责,我因为系安全带,只是头破血流脑洞大开,小命无恙。特别提醒,务必系安全带!

九、坚持每日一句的教育管理思考《喜阅新校长》,完成一年365句——总结提高。

十、辞去新教育理事会副理事长、新教育研究院副院长职务——轻装上阵。

2020年新春：我爸我妈，在已被封城的武汉

1

今天，武汉封城。

"自2020年1月23日10时起，全市城市公交、地铁、轮渡、长途客运暂停运营；无特殊原因，市民不要离开武汉，机场、火车站离汉通道暂时关闭。恢复时间另行通告。"

下午，高速也逐渐关闭。

如果……

没有如果。

2020年1月20日清晨，我们送我爸我妈，登上返回武汉的飞机。

对我爸我妈而言，家在武汉，他俩肯定要回武汉过年。

他俩惦记着我二姨的病情。他俩惦记着大年初一全家人要吃团圆饭——他们心里的全家，还包括三个叔叔的家和一个姑姑的家。

送我爸我妈回家前，关于疫情的传言已在网络上暗潮汹涌。

我准备好了口罩，我爸我妈齐刷刷拒绝，都嫌麻烦。

我又喊又叫，他俩才勉强收下。

疫情从20日开始，逐渐明朗起来。

5：40醒来，第一件事，还是查找疫情最新消息，就看见了——封城。

2

我爸不喜欢运动，喜欢吃水果，喜欢看电视剧。

四　雕塑自我

视频里说到封城，他哈哈直乐："你妈昨天去买了小橘子，便宜处理，10元4斤，买了一堆。这样的生活，最适合我——就在屋里，吃吃水果，看看电视，不用出门。"

这就是我乐观的爸。我为他骄傲。

我妈闲不住，到处跑，出门多。

我想，我得强化她戴口罩的意识。如今她远在千里外，喊叫估计没什么杀伤力，我就准备来个循循善诱，先问："现在出门有没有戴口罩呀？"

我妈想都没想，马上回答："戴啊！这不只是为自己，要对别人负责！"

这就是我负责的妈。我为她骄傲。

武汉，还有很多很多人。

比如前天新闻中说的人们："同济医院第二批志愿报名都已经满员了。"志愿者在申请书中写："不计报酬，无论生死！"

这就是武汉的志愿者。我为他们骄傲。

我在朋友圈转发医护志愿者的消息时，看着"不计报酬，无论生死"8个字，流泪了。

后来，我又找到了这则新闻的原始出处。

在那原始出处的微博下，有人质疑这些志愿报名的医护人员："是报名的还是摊派的啊？"对这一个人的质疑，几万人异口同声地反驳。

翻阅几万人的捍卫，我再一次流泪了。

我的心情久久无法平复，索性放下工作，找团队的小伙伴谈心。

我说——

"不计报酬，无论生死！"这句话，我是做到了——我做到过。

我非常清晰地，两次做到过：一是2014年"新孩子乡村阅读公益行"；一是2015年1月筹备新教育北京会议。

我是一个教育界的义工！志愿者！——教育，不是我的职业！即使到了今天，我也没有靠教育赚钱，因为我至今仍然需要投入我个人更多的钱去推进着教育的事务！

我亲眼去见过那 100 个乡村学校学生的父母，我亲眼见过。我亲眼看见过，你知道吗？那是不一样的！

不计报酬，无论生死！我是这样走过来的，我这样去看见过！

和我同行的伙伴中，很多都陪伴我亲历过这两场挑战。因为我的伙伴中，就有不少这样的人——不计报酬，无论生死。

只是，我曾经以为，我团队里的伙伴，全部都是这样的人。

最近几年我陆续知道，并不完全是这样的。

发现这一点，一度着实让我大吃一惊，甚至灰心过。

走过之后再回望，才明白这样的发现，也是幸运。正因发现这一点，让我真正回到人间，我从此多了一个角度，又看到了一个新世界。

一切真奇妙。

3

17 年前，北京的 SARS 情形严峻，我刚回武汉。

那时，我刚刚完成《嘭嘭嘭》一书，准备用稿费资助失学儿童。

当我回到我爸我妈承包的养鱼场一看，鱼苗被盗，投资打水漂，还欠债数万元。

就在养鱼场边的小屋里，我问我爸我妈："我的稿费现在还没有正式捐出。是继续捐，还是拿回家还债？"

当时，我妈立刻回答："要是你没写这本书呢？"我爸完全赞同。

我妈当年的回答，就和今天回答戴口罩"要对别人负责"，一样迅速呢。

是这样，才有《嘭嘭嘭》第一笔稿费的捐赠，资助了 30 位失学女童，在湖北省十堰市茅箭区成立了"童喜喜春蕾班"。

17 年后，武汉的新冠疫情形势不容乐观，我在北京。

我正在修订"新孩子"系列的后几部。这套书凝聚着我的 10 年心血，未料到遭遇疫情，所耗时间比预计多得多。

但是，已有约定的又不能赖。就如昨天上午，北京师范大学少年传媒学院"全国中小学生语文素养展示活动"全国总评选，讲座并颁奖。

我从小喜欢远方。长大了在哪里都自在。没什么乡愁，也就根本想不起介绍自己是哪里人。

讲座听众中，许多都是著名的衡水中学的学生。我的开场白，就从前几天的案例说起——江西省定南中学高三4班，由叶娇美老师带领开展说写课程不足40天，在刚举行的期末考试中，全班作文成绩，全年级第1名。

说完这些，看着面前的孩子们，我突然问道："你们知道我是哪里人吗？"

然后，我笑着，慢慢说："我就来自你们现在、也是全世界现在最担心的那个地方——湖北武汉。"

我爱我爸我妈，我爱我的家人。没有这样的我爸我妈，没有这样的我家，就不会有这样的我。

我爱武汉，我爱湖北。就在这片土地上，有千千万万这样的爸妈，千千万万这样的家庭，千千万万这样的义工。

我爱我们，我爱中国。我相信，因为我们的存在，未来，还会有更好的父母，更好的家庭，更好的义工，更好的孩子。

因为爱这些，我才爱文学，爱教育，爱人类，爱世界。

是的，我爱。

走过2019年，我仍在爱。

这一次，不再仅仅因为我幸运，而是因为我相信未来。

狂风无法熄灭萤火，生命自有光芒。

4

新冠疫情来了，随之产生的，新的力量也来了。

我们都看见了84岁的钟南山先生，他在紧急疫情中怎样日夜兼程再次出征，他在日常生活中怎样锻炼身体……

这一次，和 17 年前关注到他时，已经截然不同。不禁想起两年前去"北京钟南山创新公益基金会"拜访时，听秘书长罗凡华老师讨论基金会的事宜，心中感慨。

一个人，该怎样成为一个人呢？

人生短暂，必须向最美好的人学习，锻炼身体，锤炼技艺；但行好事，莫问前程。

战争刚刚开始，一切都是未知。

谨以这些碎碎念，回复惦念我的老师、朋友、亲人们。

你们的信息，我不逐一回复了。揪心，真的揪心。又毫无疫情的专业知识。只能祈祷，祈祷，再祈祷。

无论如何，2020 年，我还是要继续做一个这样的中国湖北武汉人——

不计报酬，无论生死！

来吧，2020 年！

提前拜年，衷心祝愿我爱的你们，健康开心！

新的一年，有着这样不平凡的开端，创造出最新的精彩！

（2020 年 1 月 23 日）

2020 年坚定：这个世界会好吗？

这个世界会好吗？

我的姚曦老大、《时代教育》杂志社的常务副社长，转发给我一篇短文，标题就是这么触目惊心的一句。

文章开头，讲述了一段历史：1918 年 11 月 7 日，近 60 岁的前清官员、学者梁济，询问自己的儿子——时任北大哲学系的教授梁漱溟："这个世界会好吗？"梁漱溟思考后答曰："我相信世界是一天一天往好里去的。"其父称："能好就好啊！"三天后，其父投水自尽。

这段历史，早有耳闻。

但是，梁济先生的自杀，在某些分析中，却成了他认为"世界不会好"的证明。

个人看来，未必如此。

对于一个真正选择自杀的人，我一向报以某种隐秘的尊敬。对死亡的把握，也是掌握命运的一种方式。

死亡，有可能是梁济先生认为世界不会好，也有可能是因为，某一个人和某一代人一样，总有力所不能及之处。

揣测他人总显得无礼，可以我自己为例：我相信未来会好，我也一样会死亡，因为我没有心力抵达将来，未来很好但那属于他人，我更愿意选择留在此刻——这，也是很妥帖的理由。

何况，投水的梁济先生，留有万言遗书，其间直言："……我之死，非仅眷恋旧也，并将唤起新也。"

归根结底,这个世界会好吗?

人类一次次地提问,再以各种方式作答。

诗人食指1968年写过一首诗,我和几乎所有人一样,都是极其喜欢的——《相信未来》。

只是,2015年,我在诵读这首诗时,改了其中一句。

不管人们对于我们腐烂的皮肉,
那些迷途的惆怅、失败的苦痛,
是寄予感动的热泪、深切的同情,
还是给以轻蔑的微笑、辛辣的嘲讽。

我坚信人们对于我们的脊骨,
那无数次地探索、迷途、失败和成功,
一定会给予热情、客观、公正的评定,
是的,我焦急地等待着他们的评定。

——就是这一句,我改为:

我行动着,但并不为了他们的评定。

当年朋友笑我,好大胆子,竟敢篡改一代人心中的名作。

但是,看着滚滚年轮之上,向我们奔跑而来的年轻人,那自我地、警觉地、戏谑地解构一切又艰难建构一切的一代又一代人,年轻的父母们,更年轻的孩子们……或许,我已经可以斗胆地说:与其说这是我一个人的改动,不如说,这是一代人的改动。

也正是在这样的改动之上,于2017年11月4日,说写课程全国第一届高端研讨会召开之际,我为这次会议,写出了一首诗——《创造未来》。

著名评论家、原作家出版社总编、我的恩师张陵先生曾经为我的诗写过一篇评论,称我的诗是"作家的诗",其中写道:

"实际上,她的率真诗句下面,流动着明确清晰的思想;是思想流支撑着推动着诗意的展开。说得通俗一点,就是思想精神的内涵。这就是作家的思维在情感冲动里自然而然起作用。诗人的思维要更跳跃,会有更大的跨度,而作家的思维含有理性逻辑的潜意识,所以叫作家的诗。如《创造未来》这首诗中,每一个句子、每一个段落之间形成的关系,除了情绪,还有思绪。因此,这首诗的主题非常明确,反映出作家对她投身的事业的乐观态度。"

我从未向张陵老师讲过我写《创造未来》的缘由和经历,但是,他从文字中捕捉得是如此准确。

这首诗,几乎是我纯粹地以"思想流支撑着推动着诗意"而展开的。

我在完全不可能写出诗的情况下,在为开幕式准备视频的最后时刻,写出了这首诗。

为什么我能这样写诗呢?是因为我相信世界会好吗?

不,当然不。明天的世界未必好。

世界在不确定性中博弈。邪恶也许能够战胜善良,丑陋也许比美好更有人性的温暖……如果看不见这一点,那是自欺欺人。

问题在于,比这更重要的是,纵然如此,如果我们相信美好,如果我们为之行动,世界当然会好。

世界之所以会好,因为,总有人在以创造来守卫啊。

从 60 多岁,到 80 多岁,钟南山在……

从离去的李文亮,到千千万万医护人员,专业人在……

从一线的抗疫者,到万众一心者,中国在……

从中国,到万众一心的世界各国,人类在……

为什么我们不呢?

创造未来,让世界好起来。

(2020 年 3 月 2 日)

2020 年生日：我回来了——不当副院长的这一岁

2016 年 10 月 4 日，我发了一篇文章，标题是"写给我的生日信——我当副院长的这一岁"。

2019 年 7 月 13 日，我辞去新教育理事会副理事长、新教育研究院副院长的职务，继续作为新教育实验的持续捐赠人、记录者给予支持，并将更多支持所有中国教育的探索者、行动者。

在"童喜喜教育文集"出版后，我才发现，我写过一首短诗，收录在早已整理好的文集书稿中。真巧啊，居然是 4 年前的同一天。

我

——担任新教育理事会副理事长、新教育研究院副院长有感

我的灵魂有无数个模样，

我的身体还没有准备好用哪一个。

我是我所有的身份，

唯独不是我。

（2015 年 7 月 13 日）

这一岁，去掉身份的我，回归我的我，又是怎么度过的呢？

一、"新孩子"系列童书，陆续出版。

全套 24 本，已出版 16 本。剩余正在进行中。

来自两个国家的出版社正在洽谈版权输出事宜。

二、"童喜喜教育文集"出版。

文集共18卷。9月出版了第1本和第2本《新父母孕育新世界》《你的好，我知道》。

三、完成我第一本图画书《两片叶子》的创作。

国际儿童读物联盟IBBY张明舟主席告知，将由2018年国际安徒生奖得主、俄罗斯画家伊戈尔 欧尼可夫绘画。

四、说写研究有了新进展。

继河南省、福建省之后，山东省教育厅批准了诸城市教育科学研究院申报的《提升小学生说写能力的策略研究》课题。

定南中学一个高三普通班，叶娇美老师在我和飓风的直接指导协助下，带领开展40天，期末考试作文全年级第一；200天后高考继续全年级第一，高考语文上线比同年级第2名多5位，比最后一名多24位。

严文蕃教授为说写理论完成了全套系列讲座。

叶仁敏博士主持的留守儿童的说写实证研究，传来喜讯。

五、从2月6日至6月1日，带领400多位义工伙伴，主办了CBBY"新阅读喜说写"抗疫联合公益课。

自2月6日至6月1日近4个月中，每天晨诵课、共读课、说写课三大课程，累计学员26.7万人，打卡文章225.9万多篇。

六、主办大型纪念公益活动"新中国 新教育 新孩子"新教育萤火虫之夏（2020）暨全国种子教师峰会。

我邀请了7个国家的100多位专家学者，举办20个主题培训，共100多场网络讲座，免费提供给教师学习。参与者共44426位教师，总观看109.26万次，平均每天有教师约2.6万人次学习。

七、9月开始，全面梳理整合各项公益项目。

现有种子学校510所；现存萤火虫分站83个；种子教师5754位；喜阅教师4895位；家长150056位；新教师大学预备学员51712位……还有一些小项目没有统计。整合使各项目更加精炼。

八、开通个人微信视频号"童喜喜"，开启了视频生活。

6 年前，我用半条命走过 100 所中国乡村学校，我的人生都被此事改塑。

后知后觉至今，终于找到了和父老乡亲交流的便捷途径。新的征程，即将开启。

九、作为《教育：读写生活》杂志的创刊执行主编，继续完成每月一刊的编务工作。

创刊该杂志，起点就是故事——朋友在托付杂志的 24 天后去世……

已是第 5 年，故事仍在继续。好故事总是跌宕起伏。

十、去年担任共同发起人的"中国阅读三十人论坛"，今年又添秘书长的职责。

能力精力都有限，先后拒绝 3 次，最后还是恭敬不如从命了。

这个论坛里，任何一位老师都是顶尖高手……继续学习继续前行吧。

其他的一些团队工作，诸如有 60 多万人次收看、留下 2000 多万字感言的《飓风的新教育教室》等活动，尽管飓风再一次叮嘱这是我的一部分工作，但是，我还是不列入了。因为，彼此补台，齐心协力，是我们团队的工作方式。在我完成的事务中，又有哪一件，没有伙伴们的汗水呢？

至于我带着团队，去年走过的四川旺苍、河南洛阳、江西定南……我和伙伴们，那些满怀爱与希望的征途，那几十场深入山区、深入一线、深入现场的说写课程公益讲座，因为属于"童喜喜说写课程百万公益巡讲"的一部分，也不用再提了。

仅说以上十件文学和教育的创作和事务，我能够在这一岁完成，可以说，全都得益于新教育给我的磨砺，同时，每一件都得益于我辞去了新教育职务。

我不代表任何身份。甚至，不仅限于男性或女性，不论长者也不论是否年轻……

我是我。

人生短暂。做减法，把好事做好。

今天的我，仍然常常因为去世的亲朋好友流泪。但是，那泪水不再是烧灼般的痛苦，而是深深的，深深的，深深的，深深的怀念。

自 2020 年 1 月 23 日以来，疫情，让我更加感恩命运——我的亲朋好友，是你们缔造了我的命运。

把我的幸运化作他人的幸福——我一直在这样努力，亲爱的伙伴，谢谢你们这一岁的陪伴与同行。谢谢你们陪我度过生死洗礼的 2019 年。

我们改善教育——这不是一句话,这是我们的承诺。说出来不那么容易,做起来的确更难。但是,正因艰难,才有价值。

见过越多黯淡,我越是坚定不移地相信,每个生命,自有光芒。

满怀喜悦,热切又平静地,迎接着新的一岁到来。

(2020 年 10 月 4 日)

2021年元旦：最好的榜样是明天的自己

亲爱的伙伴：

一年时光倏忽而逝，365天之中留下了太多值得回忆的点点滴滴。

在这个特殊的日子里，第一时间涌上心头的记忆，是一群伙伴在网上喊话：我们该办线下培训了——我们想见面了！

当时我看得哈哈大笑，此刻仍然咧嘴直乐。

是啊，在过去的12年中，每一年，我们都会在不同的活动中见面。

和很多人把"参加培训"视为"被人教训"不同，我们把我们的培训视为欢聚的时刻。以至于我们常常忘记了谁在办会、谁在参会，谁是主、谁是客。

有时候，我也真希望现在就和你们在一起呀！

就像我们曾经的一次又一次相见。当我推开一间间宾馆的房门，就像推开一间间学校宿舍的房门。我对教学一线的情况所有疑惑，都能够得到你们最真挚最坦诚的解答，我才不断成长。

如果不是有着这样的你们，我肯定不会在教育界留到现在。

我还清楚地记得，在一次培训中，一位老师刚刚报完名，我马上抓住她说，快来帮我干活！于是，她就笑眯眯地把会务资料交给其他伙伴，立即投入会务工中……

我更清楚地记得，在2019年"童喜喜说写课程百万公益巡讲"中，我们在线下见面，其中几位伙伴竟然不约而同地说："太久没有见面，感觉都没有力量了！"

所以，在这个国内外疫情尚未正式平复的时刻，在这个不知道下一次相见会是何时的时刻，我想特别提醒你，我亲爱的伙伴，无论你是老是少，是男是女，是在城市还是在乡村，是准备与新教育一生相伴还是准备独自远行，都请你记住我的这一句话吧——最好的榜样不是别人，最好的榜样是明天的自己！

最好的榜样不是别人。

因为你永远不可能变成别人，你永远只可能是你。

别人再好，如果给你带来的只是压力，没有动力，那你又何必在意？

最好的榜样是明天的自己。

因为我们只有一个选项——对明天保有期望，对自己保持自信。

当年我告别故乡，我的文学启蒙恩师郑因给我写了一封信，其中有一句话，我一直记得：不要迷信任何人，实在要迷信，就迷信自己。

明知自身不可能完美，存在太多局限，可我们只能朝着自己走去。今天言行的点点滴滴造就明天的自己。

最好的榜样是明天的你自己——亲爱的伙伴，与其说这是一句满怀真情的勉励，不如说这是一句诚恳客观的描述。

请你认真看看你自己，轻声问问你自己："你想成为怎样的你？"

你可以和我分享答案，你也可以把答案藏在心里。

重要的是，你知道答案，你记住答案，平静而喜悦地向着你心目中的你，走下去，走下去，一直走下去。

就像刚刚过去的一年，我在朋友圈里发起了一个"周末有奖竞答"活动：找出我比迈克尔 莱维特强的理由。

迈克尔 莱维特先生是谁？他可是2013年诺贝尔化学奖得主呀。而且他本人还风趣机敏，具有很强的个人魅力。我又会在哪方面比他强呢？

但是，在我的启发下，伙伴们开动脑筋、纷纷留言，真的找出了我比诺贝尔奖得主还要强的很多理由！

比如有人说:"你的儿童粉丝比他多。""你的头发比他长。""你比他年轻。""你的教师朋友比他多!"

　　还有一个理由,是我特别喜欢的:"你比他更让我喜欢!"

　　看,我就是在这样不可思议的比较中,仍然找到自我,又有什么可以阻挡你成为你自己的步伐呢?

　　新年的钟声已经敲响,我一直在思考着前行的方式。

　　但是,无论采取何种方式,方向早已确定。

　　亲爱的你,就向着明天的自己奔跑吧,在那条自我挑战的路上,我们一定会再次相遇!

想念你们的　喜喜

(2021年1月1日)

四　雕塑自我

后记

人生，就是在没有路标的大地上行走。

平静的时候，我们称之为行走。

艰难的时候，我们改称为跋涉。

顺利的时候，我们命名为前行。

其实，这一切，取决于内心的标准。

《在没有路标的大地上》这本书里，集中了一批特别的文字，记录了一些意义重大的人和事，记录了我的思考与成长。我相信，它不仅对我个人而言弥足珍贵，对于正在寻找自己道路同时又愿意相信我的人，也有助益。

原本，《在没有路标的大地上》一文，是为《新京报》写的约稿。时任周刊编辑的朱桂英姑娘约我写一篇书评。没想到，我写起来洋洋洒洒停不住笔，她索性配图发了整整4个版面。后来把相关文字集结成书，并以该文章名作为书名。也正是这一次写作，让我结识了儿童文学作家、教育家雅努什 科扎克，让我见识了人性中的钻石。我能前行至今，他功不可没。

《爱人，是我幸福的不竭源泉》一文，是赴美参加哈佛大学中国教育论坛后，为《中国教育报》写的一篇稿件，在却咏梅编辑的精心指导下完成。它记录了我与灵魂的知己——加州大学圣地亚哥分校阿丽达教授的相聚。这是我们第二次见面，也是最后的相聚。她于2019年3月3日去世。

《把你的美好在我生命中活下去》一文，是纪念2014年9月13日意外去世的熊辉。

享年 30 岁。当时，我正在举行"新孩子乡村阅读公益行"，要走进 100 所乡村学校。熊辉正在邀请我把他支教过的学校列入。他的死亡，给我的心灵带来了极度震撼。

"北川三忆"这一章，顾名思义，是对这一片土地的特别追忆。灾难让人们更加懂得生命的意义。我也格外珍惜这些记忆。

"教育永新"这一章，是关于朱永新老师的文章。尤其为新教育实验申报奖项而写的几篇，是对我个人能力的挑战。俗话说，外行看热闹，内行看门道。俗话又说，不识庐山真面目，只缘身在此山中。这两种弊端可能在我身上都存在。所以，只能保证真实，疏漏在所难免。

"雕塑自我"这一章，则是我这些年的成长印记。

所以，这本书里的文字，哪怕是理性的，也蘸满了热血；哪怕是激情洋溢的，也在努力保留着冷静与客观。

不知读到这本书的你，置身何时、何地。如果你不仅阅读，还愿意相信我，那么，我要告诉你最关键的一句话：我们已经生活在最了不起的时代，当下的我们，无论何种处境，都有获得幸福的可能，只要我们相信，并且为之行动——我和你，正在一起。

（2021 年 3 月 10 日于北京）

附录 童喜喜主要创作年表

2003 年 5 月

完成长篇小说《爱乱了》，由中国电影出版社出版。

著名评论家、武汉大学博士生导师樊星评论："在'新生代'中，'生在红旗下，长在欲望中'的，大有人在，却不可能是全部。有许多出身贫寒的大、中学生还在社会的底层为了生存而拼命奋斗，这样的人比起已经过上了'小资'生活的青年，当不在少数。如何写出压力下的坚守，迷惘中的坚韧，也许是'新生代'文学的新突破口所在。《爱乱了》在这方面做出了积极的尝试，意义不可低估。"

2003 年 7 月至 2013 年 12 月

完成"嘭嘭嘭"新幻想系列，由春风文艺出版社、中国少年儿童出版社、北京联合出版有限出版社（新经典文化股份有限公司）先后出版。该系列目前已出版《嘭嘭嘭》《再见零》《玻璃间》《小小它》《影之翼》《织梦人》《我找我》7 册。

该系列为童喜喜的童书代表作，适合小学中年级至初中的学生阅读，曾获冰心文学奖、国家新闻出版广电总局向全国青少年推荐百种优秀图书、全国优秀畅销书奖、团中央"五个一"工程奖、国家"三个一百"原创优秀作品奖等奖项，先后入选多种读书大赛必读书目，如 2004 年"亲近母语读写大赛"必读书目，第五届沪、港、澳与新加坡四地中学生读书征文活动必须参考书目等。

2004 年 4 月至 2009 年 7 月

完成"魔宙"系列图书，由古吴轩出版社、中国少年儿童出版社先后出版，已出版《因为有你》《彼岸初现》《流年行歌》3 册。

该系列为全景创世纪式奇幻小说，获全国优秀畅销书奖、思考乐最佳幻想奖。

2006 年 6 月至 2012 年 4 月

完成"百变王卡卡"系列，与李西西合著，由接力出版社、江苏少儿出版社先后出版，已出版《一朵花的森林》《甜甜的淘气老师》《吃掉铅笔来跳舞》《蒲公英飞过城市》《你找不到我》《幸福的秘密》《好听话大合唱》《雨天其实也有阳光》8 册。

荣获《中国教育报》"2018 年度致敬童书 20 强"称号，入选教育部《2019 年全国中小学图书馆（室）推荐书目》。

2008 年 9 月至 2017 年 3 月

完成**"网侠龙天天"系列**，由中国少年儿童出版社、二十一世纪出版社先后出版，已出版《给老师当老师》《班长打擂台》《王牌对手》《神秘的幸福基地》《天使在人间》《亲亲一家人》《小侠在行动》《明星奇遇记》8 册。

该系列为网络题材的校园小说。书中首度提出"网商"概念（网络智商＋网络情商），由"IAP 中小学生综合素质能力竞赛""百度宝宝知道"及诸多教育家、阅读推广人权威推荐，获《中国少年报》选拔试读会小读者票选第一名、入选北京阅读季"最受青少年喜爱图书 100 种"、2017 年度中国童书榜"父母特别推荐奖"。

2010 年 9 月

完成**《我们的一年级》**，由中国少年儿童出版社、北京联合出版有限公司（飓风社）先后出版。

入选著名特级教师张祖庆寒假推荐书单。

2011年5月

完成《那些新教育的花儿》，由福建教育出版社出版。

该书为报告文学，记录了参加新教育实验的人们的诸多探索，从一个个具体人物的喜怒哀乐中，折射出中国教育的现状与思考。

2014年6月

完成《喜阅读出好孩子》，由湖北教育出版社出版。

教育类畅销书，系童喜喜自2010年开始历时5年阅读研究的心得，适合父母、教师阅读。先后入选《中国教育报》"教师喜爱的100种图书"、新东方家庭教育中心《父母阅读推荐书目100本》，获深圳图书馆年度读者借阅率最高总榜第9名、湘鄂赣专家联合推荐30种优秀图书、首届湖北网络读者"我最喜爱的10种图书"、《中国出版传媒商报》"家庭教育影响力图书"等荣誉。

2016年8月至2019年1月

主编《新教育晨诵》（全套26册）、**《让生命放声歌唱——新教育实验晨诵项目用书》**，由安徽少年儿童出版社出版。

《新教育晨诵》系列从幼儿园至高中，每学期一册，为新教育实验的晨诵课程学生读本。童喜喜将稿费100%捐赠给了新教育实验公益项目。

荣获《中国教育报》2016年度"教师喜爱的100本书"。

2017年9月

完成《十八年新生》，由湖北教育出版社出版。

该书为教育散文，记录了童喜喜从一位写作者到一位教育公益人，从一位专职儿童文学作家到一位资深教育研究推广者，从1999年资助失学女童开始17年中的教育心路历程和探索行动。

荣获《中国教育报》2017年度"教师喜爱的100本书"。

2018 年 8 月

完成《**智慧行动创造教育幸福——新教育实验十大行动理论与技巧**》，由山西教育出版社出版。

该书为教育理论专著。从阅读、写作、讲座、口才、课堂、网络、习惯、教室、家庭等十个方面，对新教育实验的十大行动从定义、解析、推进技巧展开论述。从区域、学校、教师三大层面，为从事一线教学和教育研究的人员，总结提炼出 100 多个行动方法、操作技巧。

荣登当当社会科学"新书热卖榜"教育类第 1 名，荣获《中国教育报》2018 年度"教师喜爱的 100 本书"。

2019 年 5 月

完成《**萤火虫的故事**》，由重庆出版社出版。

该书为童喜喜第一部童诗集。为中国知名童诗品牌图书"中国最美童诗"系列丛书之一。

2014 年 6 月至 2020 年 6 月

完成"**新孩子**"系列童书，由二十一世纪出版社、安徽少年儿童出版社先后出版。全套共 24 册。

"新孩子"系列童书开启了儿童教育文学先河，首创以文学提升核心素养的童书体系，结合耶鲁大学耗时 40 年的儿童心理研究成果，以中国新教育实验的真实优秀教育案例为原型，根据教育部推出的《中国学生发展核心素养》要求提炼出 24 大主题，每一本书侧重一个主题，以螺旋上升的方式对核心素养持续细化、深化、内化、强化，并以世界独创的说写课程搭建阅读到写作的桥梁，帮助孩子提升核心素养，养成说写习惯，汲取精神力量。

"新孩子"系列童书得到国际 IBBY-iRead 爱阅人物奖得主、国家全民阅读形象代言人朱永新，国际儿童读物联盟（IBBY）主席张明舟，国家图书馆少儿馆馆长王志庚，清华大学附属小学校长、全国著名语文特级教师窦桂梅，美国麻州大学教育领导学系主任、中国教育三十人论坛成员严文蕃教授，第一位美国高等学府教育学院华人院长、美国纽约曼哈顿维尔学院终身教授万毅平等诸多名家联袂推荐。

该系列荣获《中国教育报》2014年度"教师喜爱的100本书"之年度9部"儿童文学"作品之一、全民阅读年会50种重点推荐图书、"中国童书榜"2020年度最佳童书奖等。

2021年7月

《大语文日课——童喜喜说写365》，由电子工业出版社出版。

该系列图书为童喜喜独立研究7年、带领20余人的名师团队集体攻关编写、数易其稿而成的心血之作，适合小学中高年级至初中学生阅读。

以贴近生活的主题文章和电影，激发写作兴趣；以深入浅出的导读，引领全面思考；全套书提供1008个作文题目和提纲，简单实现出口成章，有效提高作文能力，全面落实自我教育。为儿童赋能、为教师助力、为父母减负。

该系列是《童喜喜说写手账》的修订版。第一版为2017年推出。

荣获《中国教育报》2017年度"教师喜爱的100本书"。